Reste avec moi

À Joseph Foxonet

Illustration de couverture :
Jérôme Brasseur

Christian de Montella

Reste avec moi

bayard jeunesse

18, rue Barbès, 92128 Montrouge Cedex
ISBN : 978-2-7470-1911-8
Dépôt légal : juillet 2005
Vingtième édition

Chapitre 1

Gabriel Rosso
Résidence Bellevue
Bât. H, escalier C
Las Cobas
66000 Perpignan

le 2 juillet

Chère cousine,

La photo, je l'ai mise dans un cadre sur ma table de chevet. Quand je me réveille, c'est elle que je vois d'abord. Donc, tout finit par arriver : ta mère m'a envoyé une photo de toi, j'ai eu quinze ans et je fais les abricots.

« Faire les abricots », tu penses que ça veut dire : les cueillir. Cartes postales champêtres, « oh ! le beau fruit ! », il fait chaud, tout va bien, on cueille l'abricot comme on cueille une fleur, les oiseaux chantent, les papillons butinent, et à midi on pique-nique à l'ombre des feuillages.

Je le croyais aussi quand ce jour-là j'ai enfourché ma mobylette. Pourtant, déjà, quelque chose clochait : il était *quatre heures du matin*. Le soleil ? À peine un coup de pinceau rose, là-bas, sur l'horizon. Et en T-shirt on se gèle, même fin juin, sur les petites routes de campagne, à rouler à fond, à fond, à fond. Ma mobylette trace à pas loin de vingt à l'heure.

Voilà pourquoi j'ai décidé de « faire les abricots » : pour m'acheter une mobylette qui trace à quarante facile et n'ait pas l'air, comme la mienne, d'une vieille machine à coudre géante. On se paye pas mal ma tête quand j'arrive juché là-dessus dans le parc à vélos du collège. À la sortie, il y en a qui organisent des courses dans l'avenue. J'y ai participé une fois : je pédalais encore pour démarrer que les autres avaient déjà franchi la ligne d'arrivée, tout là-bas, après l'abribus. Ensuite, il a fallu que je fasse le clown pour les laisser croire que je m'en fichais, de leurs sarcasmes.

Tu sais à quoi on les reconnaît, les *sarcastiques* ? À leur scooter tout neuf. Tu sais pourquoi tout le monde me trouve « marrant » et « sympa » ? Parce qu'il vaut mieux faire rire que pitié.

C'est Angel, un copain, qui m'a dit : « Tu as besoin de thunes ? Viens cueillir les abricots chez mon père. » Son père possède une grande propriété dans un village de la région. « Tu crois ? – Mais oui. Quinze jours aux abricots, et après tu changes ta Singer pour une Harley. »

Je l'aime bien, Angel. Il a débarqué en cours d'année. Il écrit des poèmes lyriques et se bat jusqu'au sang contre trois ou quatre *gadje* à la fois. (Il n'est pas gitan, mais il appelle « gadjo » n'importe qui lui déplaît.) Pour les poèmes, c'est ma faute : je lui ai dit, un jour, qu'il ressemblait aux photos de Rimbaud : les cheveux noirs, l'œil pâle, la mâchoire de sergent-chef. Quant aux bagarres, c'est dans sa nature : tout le monde le craint au collège. Sauf moi. Moi, depuis la maternelle, les grands imbéciles me tapent dessus. J'ai fini par m'y habituer. J'ai fini par comprendre que, quand tu es désarmé, il ne faut surtout pas le cacher : il faut surjouer toute la journée le type complètement désarmé. Ça fait rire tout le monde, même les grands imbéciles, et pendant qu'ils rigolent ils oublient de te taper dessus.

Bref, quand il n'est pas en train de se battre, Angel vient me montrer son dernier poème et ses oreilles rougissent. Ils sont pas mal, ses poèmes. En tout cas, je le lui affirme, pour que ses oreilles rougissent encore et qu'il aille casser la tête au premier grand imbécile à qui la mienne ne revient pas. Je lui dois une grande paix dans la cour de récréation, il me doit de grandes émotions d'artiste. Nous nous entendons bien.

Quand je suis enfin arrivé dans la propriété de son père, j'étais frigorifié. Et c'était ma mob qui toussait. J'ai aperçu, dans l'allée de platanes, un vieux bonhomme marchant à petits pas, j'ai pédalé pour que ma mob le rattrape.

– Je suis bien chez monsieur Ferrer ?

Il a gratté sa barbe de trois jours en nous examinant, ma mob et moi :

– Ho, *nine* ! Tu es blanc comme un Parisien.

– Il fait froid.

Il hochait la tête. Ses petits yeux de souris me dévisageaient.

– Tu es le copain du fils, hé ?

– Oui. L'ami d'Angel.

– Traduis-le comme tu veux. Et tu vas cueillir avec les Espagnols ?

– Je ne sais pas. Je dois « faire les abricots ».

Il hochait de plus en plus la tête. J'avais l'air de beaucoup l'amuser.

– Oui, oui, oui, ricanait-il. Avec les Espagnols.

Mon moteur hoquetait. D'un coup de poignet, j'ai mis plus de gaz. Une fumée brunâtre nous est montée au nez. Le petit vieux a agité sa main, comme un éventail.

– Va, *nine*. Va les « faire », tes abricots. Et, à moi, fais de l'air.

Il est impressionnant, le mas Ferrer. L'appartement de ma mère multiplié par cent. Au moins. Pas beaucoup de fenêtres, mais des murs... ça, il a de beaux murs, ce mas. Des remparts. Et même deux tours. Et des portes un peu partout. J'ai laissé la mob sous un platane, sans y mettre l'antivol, comme d'habitude. Même chose en ville : jamais d'antivol, une règle d'or ! Tu crois qu'on me la volerait, ma machine à coudre, pour qu'enfin je touche l'assurance ? Même pas en rêve.

Au hasard, j'ai choisi l'une des portes. Elle semblait modeste : toute petite, en bois clair. J'y ai frappé. Pas de réponse. J'ai frappé plus fort. Attendu. Toujours rien. Alors j'ai regardé autour de moi – personne en vue – et j'ai tourné la poignée, puis tiré.

Des seaux, des pelles, des pioches, un sécateur, deux arrosoirs, une brouette et un vélo rouillé.

La remise.

Bon.

J'ai refermé et j'ai cherché dans les cent mètres de façade du mas une porte plus grande, plus large – la porte la moins modeste, qui serait à coup sûr la porte d'entrée.

Je l'ai vue.

Vraiment grande, vraiment large, vraiment pas modeste. Je m'y suis dirigé en me demandant pourquoi, d'emblée, je choisissais la porte de la remise. « Tu es comme ça », me dit ma mère dès que je me suis ridiculisé. « C'est de famille », ajoute-t-elle comme si de me rappeler que mon père est mort dans l'Himalaya, piétiné par un dahu qu'il chassait avec un sifflet, allait mettre fin à cinq ans de rendez-vous hebdomadaires chez ma psychologue. (Oui, je sais, cousine : papa n'est pas mort, mes parents ont divorcé. Et alors ?)

Bon, cette fois-ci, je sonne. J'attends dix secondes, on m'ouvre. Une vieille femme en tablier me détaille des pieds à la tête ; ça me met plutôt mal à l'aise et je m'écrie :

– Bonjour ! C'est moi !

Elle a le même museau de souris que le vieux de tout à l'heure. Ils sont peut-être frère et sœur ? Tu dois comprendre, cousine, que j'étais assez intimidé. Et, j'ignore si tu l'as remarqué (non, tu n'as pas remarqué : tu es insolente comme un chat de gouttière), la timidité rend bête. Donc, quand elle a fait soudain un grand geste de la main, j'ai reculé : j'ai cru qu'elle essayait de m'arracher un œil. Elle a refait le même geste. Alors j'ai compris qu'elle me montrait quelque chose sur ma droite.

– Les ouvriers passent par la cuisine.

Puis elle m'a claqué la porte au nez.

– Merci bien, ai-je dit à la porte.

Et je suis reparti. (Est-ce qu'il t'est arrivé, cousine, de ne pas trouver une porte, une simple porte ? Je suis sûr que non. Eh bien, moi, c'est à peu près ce qui m'arrive tous les jours : ne pas trouver la porte.)

Sur la droite, j'avais le choix entre deux portes. Elles se ressemblaient comme une porte ressemble à une porte. J'ai frappé à la première, sans illusion.

– Entrez.

Une jolie voix, haut perchée. Je n'y ai pas pensé sur le coup (je ne pensais qu'à trouver enfin cette cuisine, est-ce que chez ma mère on a du mal à trouver la cuisine ? C'est à un mètre de l'entrée), mais ce qui m'a plu, c'est que cette voix aurait pu être la tienne, cousine. Une voix de grande fille qui sait mettre des jupes écossaises quand ma tante l'y oblige, et enfile des jeans serrés comme la peau des fesses dès que ma tante a le dos tourné. Tout ça pour que tu te mettes bien dans la tête, ma cousine unique et préférée, que c'est à cause de toi que j'ai ouvert cette porte et que les ennuis ont commencé.

Je n'entrais pas dans une cuisine mais dans un couloir sombre et frais. Au bout, j'ai vu une pièce, pas très grande et très peu meublée.

– Bonjour. Je viens pour les abricots. Je suis un ami d'Angel.

Pas de réponse. J'avance.

Je suis sur le seuil de la pièce – on dirait un salon d'il y a cent ans – quand j'aperçois une silhouette, assise dans un fauteuil, à contre-jour.

– Excusez-moi. Je dois faire les abricots. Je cherche Angel. Angel Ferrer...

Mes yeux s'accoutument. Je vois mieux : dans le fauteuil, il y a une fille, aussi blonde que tu es rousse, cousine, et (désolé) encore plus mignonne que toi. Délicate. Sur les accoudoirs, ses bras sont si minces. Et ses doigts, qui pianotent à toute vitesse, si longs, si fins. Je ne te parle même pas de ses jambes, nues jusqu'au milieu des cuisses – au-dessus commençait la robe, un coton beige à fleurs bleues. Et, juste avant que j'ose regarder son visage... Tu ne peux pas comprendre. Tu te ficherais de moi si j'essayais de t'expliquer quel effet ça fait (oh, non : pas forcément celui que tu crois...) des seins aussi ronds maintenus dans le semblant de secret d'une robe très décolletée et très légère.

– Est-ce que...

J'avais un chat dans la gorge.

– Est-ce qu'Angel est là ?

J'ai regardé son visage. Tu te rappelles ces filles, sur les tableaux qu'on a vus à Florence, l'été dernier, quand tes parents m'ont emmené en vacances avec vous et que tu me trouvais « tellement collant » ? Voilà. Revois-les dans ta tête, ces filles peintes il y a quatre cents ans. Si blondes, si fragiles et si blanches, avec leurs yeux d'animal aux abois. C'est la fille assise dans ce fauteuil. À un détail près : j'aurais pu la toucher, et je suis sûr que sa peau aurait été chaude. (Ne sois pas jalouse, cousine. Si ? Tu l'es ? Pas seulement pour me faire plaisir ?)

J'ai avancé d'un pas, puis de deux ou trois, vers le fauteuil – vers ces doigts, ces jambes, ces seins, ce visage.

– Angel, ai-je répété. Angel Ferrer. Il est là ? Je le cherche.

Je devais avoir l'air d'une sorte de perroquet roux, à répéter toujours la même chose. Mais ça ne la dérangeait pas. Elle ne me voyait pas. Elle regardait vers la fenêtre en souriant. Puis elle s'est mise à fredonner. Je n'ai pas reconnu la chanson. Une chanson triste, agaçante.

– Maria !

La vieille en tablier a surgi comme un boulet de canon. Mon cœur en a raté un battement. Elle a attrapé la fille sous un bras, l'a obligée à se lever du fauteuil et l'a poussée vers une autre porte, au fond de la pièce. Je me suis retrouvé tout seul. Je n'étais pas sûr de ce qui venait d'arriver.

La vieille est revenue :

– Sors d'ici ! La cuisine, c'est dans l'autre aile ! Allez ! File !

Qu'est-ce que tu aurais fait à ma place ? Moi, courageusement, j'ai filé.

Dehors, le jour s'était levé. On sentait à l'épaisseur de l'air que la journée serait très chaude. J'ai longé la façade du mas et ouvert la première porte que j'ai trouvée.

– Ho ! Gabriel ! Tu as failli être en avance !

Angel levait sa large main à distribuer les coups. Autour de la table, tout le monde a rigolé. Une vingtaine d'Espagnols râblés, à la barbe noire, aux doigts velus et carrés. On aurait dit une conférence de pirates et de bandits de grand chemin.

– Viens t'asseoir, là, à côté de moi !

J'ai obéi, enjambé le banc et réussi à me glisser – « Excusez-moi... Pardon... Excusez-moi. » – sur les dix centimètres carrés de bois que me concédait une espèce d'ogre aux pattes aussi grandes que son assiette. (Oui, cousine, tu as raison : c'était une assiette à dessert. Mais quand même.) En guise de bienvenue, Angel m'a flanqué une claque à me déboîter l'épaule et j'ai vite contracté les muscles du dos, de peur que l'ogre ne m'accueille de la même manière. Ouf, non. Il mastiquait je ne sais quoi sans bouger autre chose que ses impressionnantes mandibules bleues. J'ai pensé : « Il ne me prête pas plus d'attention qu'à la mouche qui s'astique les ailes sur la table. » Je l'ai regretté aussitôt. Sa main d'étrangleur de Petit Poucet a soudain, paf! écrabouillé cette pauvre mouche. Sous la délicatesse du coup, toutes les assiettes ont bondi d'un demi-mètre en l'air (ou à peu près, j'ai pas mesuré, d'accord, laisse-moi un peu exagérer, cousine, si ça m'amuse).

– Alors ? m'a demandé Angel. En forme ?

J'ai minaudé :

– Ça va, ça va...

– Tiens, mange un peu avant qu'on y aille.

Il m'a mis sous le nez un énorme saucisson gras et une bouteille de rouge. Je ne lui ai pas dit que je préférais du thé (Royal Ceylan) et des croissants. Par politesse, je me suis coupé une tranche, la plus fine possible (une feuille de papier à cigarette), et je l'ai mâchonnée du bout des dents en contemplant mes futurs compagnons de cueillette.

Cueillette... Ce mot a quelque chose de léger, de champêtre, de presque féminin, qui ne s'accordait pas du tout à la bande d'égorgeurs dont je ne voyais, dans la pénombre, que les longues dents blanches se plantant dans la charcutaille du petit déjeuner. Fallait-il que la nécessité me pousse et le désir d'une nouvelle mobylette, pour rester une seconde de plus dans ce repaire... Cherchant du réconfort, je me suis tourné vers Angel :

– On va cueillir les abricots ensemble ?

– Hé, non, homme ! Moi, je supervise, avec mon père.

J'ai accusé le coup, mais n'en ai rien montré – je crois.

– Il va bientôt arriver, ton père ?

– Mais ! (Angel s'est mis à rire.) Il est là : tu es presque assis sur ses genoux !

Avec un frisson, j'ai regardé l'ogre du coin de l'œil.

– Bonjour, monsieur.

Ce n'était plus ma voix, c'était celle de ma petite sœur – si j'en avais eu une. L'ogre (*Monsieur* Ferrer, donc) m'a considéré une seconde, une très longue seconde – j'ai pu constater qu'Angel tenait de lui ses yeux bleu pâle, chaleureux comme le pôle Nord –, n'a pas semblé remarquer la petite main moite et néanmoins polie que je lui tendais, et a haussé les épaules en lançant à la cantonade une phrase en catalan que je n'ai bien sûr pas comprise mais qui a déclenché les rires de toute la table : centaines de crocs étincelants dans les faces mauresques. J'ai récupéré ma main, l'ai essuyée subrepticement sur la jambe de mon pantalon, et fait semblant de rire moi aussi, en me demandant quand il vaudrait mieux que je m'enfuie : dès maintenant ou tout de suite ?

– Il est temps, hommes, a grondé l'ogre (pardon : « a dit monsieur Ferrer. »)

Les rires se sont tus dans le vacarme des bancs et des chaises qu'on repoussait. Debout, les hommes se sont étirés, se massant les reins, se tapant mutuellement sur l'épaule. Ils sont sortis dans la lumière déjà blanche du matin.

– Prêt ? m'a demandé Angel.

Gabriel Rosso
Résidence Bellevue
Bât H, escalier C
Las Cobas
66000 Perpignan

le 3 juillet

Cousine unique et préférée,

Eh oui ! Excuse-moi : je t'ai abandonnée au beau milieu de l'insoutenable suspense : « Comment Gabriel, notre héros, échappera-t-il au sort qui le guette ? » Tu voudrais bien l'apprendre, hein ? Non ? Tant pis. Tu l'apprendras quand même.

Commençons par mettre les choses au point : je n'ai échappé à *rien*.

Sur l'esplanade devant le mas, on a commencé par faire les équipes. Ça ne s'est pas décidé à plouf-plouf-ce-sera-toi-que-je-prendrai, ni à pile ou face, ni à la courte-paille. Monsieur Ferrer a dit : « Toi, toi, toi », et ainsi de suite. Quelques instants plus tard il avait constitué les équipes et ton cousin adoré se retrouvait en compagnie de trois danseurs de flamenco prénommés José, Juan et Jordi. Les « 3J », une sorte de « boys' band », quoi. Ils sont partis vers les plantations d'abricotiers, je les ai suivis. Nous avons fini par nous retrouver au pied d'un arbre.

Là, José a pointé le doigt et m'a aboyé quelque chose. En espagnol. J'ai haussé les sourcils, écarté les mains, souri jusqu'aux oreilles – une belle imitation d'abruti. Il a aboyé de nouveau, puis, en aparté, grogné je ne sais quoi à ses deux camarades, lesquels l'ont approuvé avec de grands hochements de tête. J'ai cessé de faire l'ahuri et je suis parti dans la direction que me montrait son doigt. Quelque chose m'arrêterait bien en chemin.

Ce fut Angel, assis dans la remorque du tracteur.

– Ho ! Tu viens chercher l'échelle ?

Cher Angel.

– J'allais justement te la demander.

Il m'a passé l'instrument par-dessus le rebord de la remorque.

– Tu es avec José et ses frères ?

– J'ai l'impression.

– Bon. C'est les pires. Le pater veut voir ce que tu vaux, alors.

J'ai dû pâlir, car il a ajouté, pour me rassurer :

– T'en fais pas. Si tu tiens la journée, t'es un vrai paysan.

J'ai cligné de l'œil – à moins que ce ne fût un tic nerveux :

– Compris.

– Attends.

Il m'a passé une deuxième échelle, puis une troisième.

– Ça ira ?

– Pas de problème.

Et je suis reparti, titubant, deux échelles sur une épaule, la troisième sur l'autre, vers l'arbre où les trois frères m'attendaient, avec la mine de vouloir m'y pendre.

Cousine, je vais te la faire courte, cette journée qui fut probablement la plus longue et la plus éprouvante de ma vie. Sache d'abord que, même mûr, un abricot ne se laisse pas cueillir comme ça, comme une fleur, il résiste, il y tient, à sa branche. Sache ensuite (mais ça, tu le sais, tu t'es moquée de moi pendant des années parce que je refusais de monter sur les toboggans) que j'ai le vertige dès que je dépasse l'altitude d'un mètre cinquante environ. Or, figure-toi, rien n'est plus malaisé que d'essayer de cueillir des abricots tout en t'agrippant des deux mains aux montants d'une échelle. Question de *timing* : tu vises un abricot, hop ! tu lâches une main, tu chopes l'abricot, tu ramènes vite ta main sur le montant de l'échelle et tu te rends compte tout à coup que personne ne peut tenir dans sa main à la fois un abricot et le montant de l'échelle. Choix cornélien : ou bien tu te casses la figure parce que tu ne tiendras jamais en équilibre sur cette échelle si tu ne t'y accroches pas des deux mains, ou bien tu lâches l'abricot pour sauver ta vie et alors José, Juan et Jordi t'éventreront sur place pour faute professionnelle. Eh bien, crois-moi ou pas, le miracle s'est accompli : jambes tremblantes et l'abricot à la main, j'ai regardé José, Juan et Jordi, vu leurs têtes d'égorgeurs, et j'ai guéri du vertige.

Restait la question du rendement. Car l'expérience m'a rapidement appris qu'il ne suffit pas de cueillir des abricots : encore faut-il le faire vite.

C'est doux, un abricot. Moins qu'une pêche et que la peau de ton dos lorsque tu me permettais, princesse, d'y étaler de la crème à bronzer ; mais doux quand même, comme une peau à peine un peu moins douce que la tienne. J'avais du plaisir à les tenir là, bien mûrs, palpitants presque, tout juste séparés de leur branche. Les premiers, je les ai même portés à mon nez, et c'était drôle de respirer ces fesses orangées et minuscules qui sentaient, eh bien, oui, l'abricot.

– *Trabaja, chiquillo!* hurlait José, Juan ou Jordi.

Des fois, c'est drôle, je comprends l'espagnol. Alors je me dépêchais de cueillir six, sept abricots à la suite, le bras gauche entortillé de toutes ses forces au montant de l'échelle (qu'est-ce que tu croyais, cousine ? que les miracles sont parfaits ?) et je les jetais dans le panier.

– *Cuidado, chiquillo!* hurlait José, Juan ou Jordi parce que j'avais raté le panier et que l'abricot leur avait rebondi sur le crâne.

Car ils se relayaient. Deux cueillaient, le troisième portait les paniers jusqu'à la remorque du tracteur. Quant à moi, je cueillais, je cueillais, je cueillais. Je n'avais pas empli un panier que chacun d'eux en avait empli trois.

Vers dix heures du matin, Juan est revenu de la remorque accompagné de monsieur

Ferrer (c'est bizarre, quand j'écris son nom, j'ai la tentation de mettre des majuscules à toutes les lettres). Solidement assuré du bras gauche à mon échelle, je lui ai fait un petit signe :

– Ça va, m'sieur ?

Il s'est approché. Il était si grand que son nez était à la hauteur de ma poitrine.

– Non, *nine*, ça va pas. On me dit que tu es un cossard.

– Un cossard, m'sieur ?

– Combien tu as fait de paniers ?

– Oh... des tas...

– C'est pas assez.

– Bon, m'sieur.

– Descends de ton perchoir, *nine*.

On ne pouvait me faire une proposition plus agréable. Adieu, mobylette de mes rêves. Bonjour, plancher des vaches. Sauf qu'une fois atteint le sol, Monsieur Ferrer paraissait dix fois plus grand, plus large et plus redoutable.

Il a jeté un coup d'œil vers José, Juan et Jordi – ils partaient à l'ombre de l'arbre suivant, armés d'un gros pain noir, de trois oignons et d'une fiole d'huile d'olive – et il s'est penché vers moi, posant ses grosses pattes sur ses genoux fléchis.

– *Nine,* Angel il t'aime bien. C'est son droit. Moi aussi j'ai des amis bizarres.

– Merci, monsieur.

– Mais je ne peux payer personne, *nine*, s'il ne fait pas une part suffisante de travail. Tu as compris ?

C'était clair. J'ai donc hoché la tête avec conviction.

– *Nine,* je vais te confier un secret.

Dans son accent rocailleux, j'ai cru deviner la voix d'un philosophe : il allait me livrer le secret du monde et jamais plus je ne serais maigre, rouquin et maladroit. Il a encore rapproché sa grosse tête de la mienne :

– *Nine,* a-t-il soufflé.

– Oui ? ai-je proféré comme, devant une muraille de rochers, j'aurais crié : « Sésame ! »

– *Nine,* a-t-il répété.

– Oui, ai-je re-répondu en m'impatientant un tout petit peu.

– *Nine...*

– Oui, je suis là, j'ai pas bougé.

– *Nine...* Sers-toi de tes deux mains.

Sur le moment, cousine, la révélation m'a paru (comme à toi, j'en suis sûr, et je l'ai fait exprès) légèrement décevante. Mais, tu en seras d'accord, là où la philosophie ne peut plus rien, le bon sens peut encore quelque chose.

Après quoi, il m'a invité à rejoindre mon équipe pour le casse-croûte de dix heures. José, Juan et Jordi croquaient dans leurs tartines frottées d'oignon et d'huile d'olive. Je n'avais même pas pensé à apporter un biscuit, ils ne m'ont pas proposé une miette. Heureusement, Angel est arrivé, m'a entraîné à l'écart et a partagé avec moi pain et saucisson.

– Alors ? Comment ça se passe, homme ?

– Eh bien... J'ai comme l'impression de... de déranger.

Angel s'est penché vers moi :

– Que je t'explique...

Il a englouti d'une bouchée la moitié de son sandwich, puis a poursuivi, à mi-voix :

– Les Espagnols, ils viennent travailler tous les ans, en famille. Et ils reviendront en septembre pour les vendanges. C'est un peu leur domaine réservé, ici.

Il m'a pointé du doigt :

– Toi, tu es un intrus. Le travail qu'on te donne, ils pensent que tu le prends à un de leurs fils, cousins ou neveux. Tu vois ?

– Oui. C'est très encourageant.

– Mon père engage toujours deux ou trois étudiants. Jamais aucun n'est resté plus de deux jours.

– Les Espagnols les fichent dehors ?

– Pas la peine, homme. Ils travaillent, c'est tout. Ils travaillent vite, ils travaillent bien. Les Français, tu comprends, surtout les étudiants, ça sait pas travailler, ça sait pas se faire mal. Alors, plutôt que de bosser comme un Espagnol, ils préfèrent démissionner.

Il m'a laissé méditer un moment cette pénétrante analyse sociologique. Quand il a estimé que j'avais compris la situation, il a avalé la seconde moitié de son sandwich et m'a dit :

– En fin de compte, homme, les Espagnols sont comme toi : ils n'ont que deux bras.

Déjà, José, Juan et Jordi, là-bas, remontaient sur les échelles. Je me suis vite levé (en me tâtant les bras : oui, j'en avais deux, moi aussi) et soudain je me suis rappelé ma rencontre de l'aube :

– Dis, j'ai vu une fille, au mas, ce matin. Très mignonne.

Angel s'est redressé à son tour, a frotté ses mains sur son pantalon et m'a regardé fixement pendant une ou deux secondes.

– Au travail, homme.

Je suis parti rejoindre mes trois charmants camarades. J'ai entendu, dans mon dos, la voix moqueuse d'Angel :

– Rappelle-toi : deux bras !

J'ai tâché de me le rappeler. Et je me le suis si bien rappelé toute la journée que, ce soir, en t'écrivant cette lettre, j'ai l'impression que mon stylo pèse une tonne. À croire qu'on ne se rappelle vraiment que ce qui fait mal.

Oui, cousine, j'ai cueilli comme un forcené, comme une machine, comme un nègre

– ou plutôt comme un Espagnol. Le secret, c'est non seulement de se rappeler ses bras, mais aussi, surtout, d'oublier sa tête. Ne plus penser, ne plus rêver, ne plus rien voir autour de soi que ces abricots par centaines qui ne sont plus orangés, doux et parfumés, qui ne sont même plus des abricots mais simplement des objets qui doivent franchir la distance de la branche au panier dans le délai le plus bref. J'avais même oublié la présence de José, Juan et Jordi.

La journée a été longue, interminable. Et, pourtant, en y repensant, elle me semble avoir passé très vite parce que je n'ai aucun souvenir de quoi que ce soit, sinon de mes mains répétant mille et mille fois le même geste. Quand, à huit heures du soir, on m'a attrapé la cheville, j'ai sursauté, suis revenu à la réalité (tiens, bientôt le crépuscule...) et j'ai reconnu, au bas de l'échelle, le propriétaire de la main qui m'empoignait : José. Je me suis dit ça y est, ils vont se débarrasser de moi. Juan et Jordi attendaient, un pas en arrière, frottant du dos des doigts leurs joues bleues de barbe.

– Descends, petit.

Ah, José parlait donc français. J'ai montré l'arbre au-dessus de moi :

– Je n'ai pas fini. Il reste encore des milliers d'abricots.

Et j'ai repris ma cueillette. Il a tiré plus fort sur ma cheville.

– *Mañana, chiquito.*

– Quoi ?

Il a traduit :

– Demain, petit. Tu cueilleras les autres demain.

– Bon.

Je suis descendu de l'échelle. J'avais la tête qui tournait. Pas le vertige : la fatigue.

Ce jour-là j'ai appris ce que c'était, la fatigue. José m'a aidé à mettre les pieds au sol. Il souriait. Je n'en revenais pas.

– C'est dur, m'a-t-il dit.

– C'est dur, ai-je reconnu.

Il m'a malaxé l'épaule. Oh, pas longtemps, une demi-seconde, ce type ne doit pas être du genre à te sauter dans les bras quand il a gagné au Monopoly.

– *Bueno. Buen trabajo.*

Puis il m'a poussé vers ses frères, qui m'ont à leur tour malaxé l'épaule une demi-seconde (ça doit être une coutume familiale), et nous sommes partis vers le mas, en silence, et j'étais soûl de fatigue, et je me sentais, comment dire ?... un peu espagnol.

Ils m'ont conduit dans un grand hangar derrière le mas, où une quinzaine de femmes, penchées sur le tapis roulant de la trieuse, emplissaient des cagettes que des gamins, plus jeunes que moi, transportaient au fur et à mesure sur des caillebotis. José, Juan et Jordi m'ont serré la main en me disant à demain et ils sont allés au fond du hangar. Ils en sont ressortis en poussant chacun un diable. Je les ai regardés – je me sentais tout dolent – installer d'un coup de reins une pile de cagettes sur leurs diables et les rouler jusqu'au pied d'un camion, où ils ont commencé à les charger. Pour eux, la journée de travail n'était pas terminée.

Angel a apparu près de moi.

– Alors, homme ? On compte sur toi, demain ?

J'ai hoché longuement la tête et je me suis entendu répondre :

– Oui.

– Bon. Tu vois que tu as deux bras comme tout le monde ? Va dire au revoir à mon père et rentre te coucher.

– Bonne idée.

J'ai trouvé monsieur Ferrer à côté du camion, en grande discussion avec un vieil Espagnol. Il m'a attrapé la joue dans la main et m'a dit, de sa voix d'ogre :

– Bon. Tu vois que tu as deux mains ?

Dans le jour qui tombait, j'ai contourné le mas et retrouvé ma mobylette. Par chance, elle a démarré au troisième coup de pédale. Avant de filer pleins gaz, j'ai allumé mon phare et jeté un dernier coup d'œil autour de moi. Je dormais à moitié. C'est pour ça que je ne suis pas tout à fait sûr, cousine, d'avoir vu, à une petite fenêtre du premier étage, la silhouette d'une fille blonde qui me faisait coucou de la main. J'ai fermé les yeux, je les ai rouverts : la petite fenêtre était éteinte. Et vide. Je suis rentré chez moi.

Gabriel Rosso
Résidence Bellevue
Bât. H, escalier C
Las Cobas
66000 Perpignan

le 8 juillet

Insupportable cousine,

Je me contrebalance de ta piscine, de ta plage et de ton bronzage grecs, et des petits crétins allemands, belges ou bataves qui te tournent autour. Qu'ils tournent, ils n'en auront pas l'air plus bête.

Mais je t'interdis de te moquer de mes travaux agricoles. Quant à mes « mains calleuses » (ou « crasseuses », je n'ai pas bien lu, tu écris comme un chat), tu les mépriseras moins quand elles t'auront fessée.

Oui, je cueille toujours mes abricots. Oui, je suis toujours le « quatrième mousquetaire » de la cueillette, et j'en suis fier. Non, je ne viendrai pas te rejoindre à Mykonos, tes parents sont très gentils de m'offrir le séjour et le billet d'avion, mais je ne crois pas que maman apprécierait ce qu'elle appelle (excuse-la, mais tu sais comme moi qu'elle a ses raisons) cette « charité condescendante ». D'ailleurs, je crois que nos « problèmes d'argent » embêtent plus la famille (la tienne, cousine, la tienne) que maman et moi. C'est parce que tu as raconté à ton père que je « trimais comme un Espagnol » qu'il m'offre ces vacances ? Tu devrais regarder un peu plus loin que les petits crétins allemands, belges ou bataves qui te tournent autour, ça te ferait de l'air. La futilité enlaidit très vite les filles dans ton genre, tu n'étais pas au courant ? (Mais je t'aime beaucoup quand même.)

Et donc, après t'avoir remise à ta place, je peux reprendre mon récit.

Il y a une semaine maintenant que je « fais » les abricots. Je ne m'accroche plus aux échelles, je les survole. En fait, je vais te dire, il n'y a rien de plus reposant que d'arrêter de penser. D'être juste une machine à cueillir. De se concentrer toute la journée sur ce petit problème de prestidigitation : comment transformer ce panier vide en un panier plein d'abricots à ras bord. Au bout d'une heure, tu n'as plus conscience que de cela : des paniers vides, des paniers pleins.

La vie devient toute simple : ou c'est vide ou c'est plein. Pas de demi-mesures. Pendant la douzaine d'heures quotidiennes que dure la cueillette, je ne suis plus Gabriel, ce rouquin malingre, amoureux transi de sa cousine et chevaucheur de mobylette pourrie (je t'épargne la liste complète de mes misères), je suis un ouvrier agricole. Ou, pour parler comme Angel et son ogre de père, je suis « deux bras, deux mains » – et, accessoirement, deux pieds pour grimper aux échelles. Ça fatigue, mais ça repose.

Trêve de philosophie. Hier, il s'est passé quelque chose.

On a terminé le travail plus tard que d'habitude, vers neuf heures du soir. Le tracteur et la remorque étaient partis sans nous attendre, alors j'ai aidé Jordi à rapporter les échelles, pendant que ses frères allaient au hangar charger un camion. Les échelles se rangent dans un petit bâtiment annexe où sont aussi garés le tracteur et les remorques. Jordi m'a montré où je devais les entreposer, puis il a filé rejoindre Juan et José.

En ressortant à mon tour, après avoir bien calé les échelles à leur place, j'ai aperçu, dans la nuit tombante, passant devant une serre, une ombre chinoise que je n'ai pas eu de mal à reconnaître. Une petite tramontane soufflait qui a dessiné deux traînes à cette ombre chinoise : une chevelure et l'étoffe d'une jupe longue et légère. Je ne sais pas pourquoi (tu connais pourtant ma discrétion exemplaire), je n'ai pas pu m'en empêcher : j'ai filé, subreptice comme un guerrier apache, à la poursuite de cette ombre.

Quand je suis parvenu à la serre, l'ombre avait disparu. J'ai jeté un coup d'œil : personne, ni près du mas ni de l'autre côté, vers les abricotiers. Alors j'ai poussé la lourde toile de plastique translucide qui ferme la serre et j'y suis entré.

Tout était sombre. J'ai été frappé par la fraîcheur (je croyais que, dans une serre, il ne pouvait faire qu'une chaleur de jungle) et par l'odeur. Non, pardon : le parfum. Un extraordinaire parfum de rose où j'ai cru plonger tout entier et je me suis dit qu'une abeille ne doit pas éprouver autre chose quand elle pénètre au cœur de la fleur. J'ai avancé de quelques pas, au hasard, vers les quatre rangées de buissons alignées devant moi. J'ai perçu alors un ronronnement d'hélice, comme si la serre était un vaisseau spatial prêt à décoller – mais, bien sûr, il ne s'agissait que du bruit de la climatisation. Et, tout à coup, la voix. La chanson.

Elle semblait venir de loin, de l'autre extrémité de la serre. Cette fois-ci, je n'ai pas fait l'imbécile comme, la semaine dernière, en entrant dans le vieux salon : je me suis tu, j'ai marché à pas de loup. Et je l'ai vue.

Si blonde. Malgré la pénombre, ses cheveux « luisaient d'un or pâle », ainsi que l'a écrit je ne sais plus quel poète dans je ne sais plus quel texte (oui, je sais, cousine : tu t'en contrefous). Elle était là, cette fille, cette apparition, un léger sourire aux lèvres, fredonnant un air triste et cueillant des roses. J'étais fasciné. Trop fasciné pour remarquer une branche de rosier qui me guettait, sournoise, et qui m'a écorché le bras.

– Aïe !

Elle a sursauté – comme quoi, on peut même surprendre les apparitions. Elle a cessé net de chantonner. Elle a tourné la tête, m'a vu. Imagine ce qu'elle a vu : un rouquin coiffé d'un coup de pétard et maigre comme une sauterelle. Je me mets à sa place. Elle a dit :

– Oh.

Un tout petit oh, un oh gracieux – ses lèvres rapprochées en un tout petit cercle adorable. J'ai dit :

– Euh...

en levant l'index comme si je demandais la permission de parler. Mais justement, je ne trouvais rien à dire. Et je n'en aurais pas eu le temps : elle a tourné sur elle-même, très vite – si vite que l'étoffe de sa longue jupe n'a tourné qu'avec un temps de retard, comme au ralenti –, et elle s'est enfuie en lâchant son bouquet de roses.

Je n'ai pas réfléchi, je lui ai couru après. J'ai seulement pris la précaution de contourner les roses éparpillées au sol, je ne voulais pas en piétiner le moindre pétale (ricane, cousine, ricane, tu n'as jamais voulu voir ma secrète délicatesse). Je me suis empêtré dans la toile plastifiée de la sortie, à moitié déséquilibré je me suis retrouvé à l'air libre – et je suis tombé sur Angel.

– Hé ! homme ! Un frelon t’a piqué ?

– Je...

J’ai repris mon souffle, regardé par-dessus son épaule.

– Il y avait une fille, là, dans la serre...

– Une fille ? J’ai vu personne.

– C’est pas possible ! Elle vient juste de sortir !

Il m’a pris le bras. Il a de la poigne, Angel, mais je trouvais qu’il serrait trop fort.

– Ouais. Une fille d’Espagnol.

J’ai haussé les épaules :

– Elle était blonde.

Il s’est mis à rire :

– Ho ! D’où tu sors ? Il y a des Espagnoles blondes, aussi.

– Je ne l’ai jamais vue avec les autres, en tout cas.

Il m’entraînait doucement, mais fermement, vers la serre.

– Et qu’est-ce qu’elle faisait, cette fille ?

– Elle cueillait des roses.

– Allons voir ça.

Nous sommes entrés dans la serre. Il a tout de suite repéré les fleurs jetées dans l'allée. Il s'est accroupi, a commencé à les ramasser, délicatement. Je me suis écrié :

– Tu vois bien !

– Oui, je vois. Une fille d'Espagnol vient nous voler nos fleurs. Je vais en parler à mon père.

Il commençait à me taper sur les nerfs.

– Je te dis que ce n'était pas une Espagnole. Je l'avais déjà vue.

Une rose au bout des doigts, il a relevé la tête, m'a fixé de ses yeux limpides.

– Tout à l'heure, tu m'as dit que non. Il faut savoir.

– Je ne l'ai pas vue avec les Espagnols, je l'ai vue chez toi. Au mas.

– Tiens ?

Il ne bougeait plus, il me dévisageait.

– Je t'en ai parlé, le premier jour.

– Je ne me rappelle pas.

– Je m'étais trompé de porte, j'ai débarqué dans une espèce de salon, et elle était là. Elle chantait, même.

– Elle chantait ?

– Ben, oui, elle chantait.

– Et alors ?

– Alors on est venu la chercher.

– Qui ça ?

– Une vieille, qui avait essayé de m'arracher un œil.

– Parce qu'on a essayé de t'arracher l'œil, aussi ?

J'ai fait un geste exaspéré :

– Oui ! C'était après que je suis entré dans la remise.

– Dans la remise ? Et là, qu'est-ce que tu avais trouvé ? Un dahu ?

– Mais pourquoi tu ne me crois pas ?

– Ah bon ? Tu as trouvé un dahu ? Comme ton père ?

J'ai encore haussé les épaules, vexé. Angel a souri :

– Allez, va, je te crois. Une petite Espagnole est allée fouiner dans le mas, Évangeline l'a mise à la porte.

Il a ajouté, tout en ramassant à nouveau les roses :

– Évangeline, c'est la vieille qui t'a arraché l'œil.

– Maria ! me suis-je exclamé en claquant des doigts.

– Quoi, Maria ?

– C'est comme ça qu'elle a appelé la fille.

– Eh ben, voilà : un prénom d'Espagnole.

Je ne voyais plus ses yeux : il était occupé à refaire le bouquet dans le creux de son bras. J'ai renoncé à discuter.

Il m'a raccompagné jusqu'à ma mobylette. Lorsque j'ai démarré dans l'allée de platanes, il est resté là, campé sur ses jambes, à me regarder partir. Juste avant de franchir le portail, j'ai tourné la tête : il y était encore. Et c'était drôle de voir cette sentinelle avec un gros bouquet de roses sur le bras.

Gabriel Rosso
Résidence Bellevue
Bât. H, escalier C
Las Cobas
66000 Perpignan

le 13 juillet

Écrevisse, ma cousine,

Quelle idée de faire la sieste en monokini à Mykonos (ou en minikonos à Mokini) ? Ça t'apprendra à marcher à l'ombre. Tartinée de Biafine[1], tu dois encore plus ressembler à ma tante – tu sais, à

1. Crème (très blanche) utilisée pour soigner les coups de soleil.

Florence, je l'avais surprise un soir avec son « masque de nuit[2] » : j'en fais encore des cauchemars. Et les petits crétins (allemands, belges ou bataves), est-ce qu'ils t'aiment toujours maquillée en zombie ? Cela dit, cousine, je compatis, je compatis. Dans des situations pareilles, il n'y a que les affreux rouquins comme moi pour comprendre les belles rousses dans ton genre. J'ai pris quelques coups de soleil aussi, sous le maigre ombrage des abricotiers. À nous deux, on fait la fortune des marchands de Biafine.

Hier, c'était dimanche mais on cueillait. (Les abricots sont comme nous, cousine : il ne leur faut pas trop de soleil trop longtemps.) Nous avons fini plus tôt que d'habitude, à six heures, et cueillir dix heures au lieu de douze, crois-moi, j'ai presque cru que c'étaient les vacances. Il n'y avait pas de

2. Crème (souvent très blanche) utilisée pour lutter contre les rides.

camion à charger. Les femmes sont pourtant restées à la trieuse deux heures de plus, pour mettre toute la récolte du jour dans les cagettes. J'ai voulu aller les aider : José m'en a empêché. Il m'a expliqué que ce n'était pas un travail d'homme. J'ai répondu que ça avait l'air dur quand même. Ça l'a fait rire : justement, c'est pour ça qu'on laisse ce travail aux femmes. Moi, ça ne m'a pas fait rire du tout (tu me connais : toujours au service de la veuve et de l'orphelin), il s'en est aperçu et il a rigolé de plus belle. Ce travail, m'a-t-il expliqué, on le pratique courbé en deux toute la journée : il n'y a que les reins des femmes pour supporter ça.

Après quoi, il m'a aussi empêché d'aller enfourcher ma mobylette.

– Non, *chiquito*, tu restes là.

Et ses frères m'ont entraîné vers le grand bâtiment où logent les familles d'Espagnols pendant la récolte.

Je n'y étais jamais entré. C'est une sorte d'immense grange à deux étages où l'on grimpe par des échelles. Partout des matelas, des paillasses, mais aussi des télés portables, des Butagaz, des tables pliantes et des chaises. On aurait dit une gigantesque caravane. Juan et Jordi ont tiré de sous une couverture trois guitares et des paquets de cigarettes, puis nous sommes ressortis.

Pendant que les femmes travaillaient à la trieuse, les hommes ont fait revenir dans d'énormes marmites des tomates, de l'ail, de l'oignon et du poulet coupé en morceaux. D'autres ont fait griller des poivrons rouges (moi, c'est ce que j'ai préféré, cousine : le poivron grillé avec un filet d'huile d'olive). D'autres encore grillaient des dizaines de côtes d'agneau sur un barbecue improvisé – c'est-à-dire dans un trou plein de braise. Les femmes nous ont rejoints sur un ordre de monsieur Ferrer et tout ce monde s'est mêlé, s'est servi, a palabré, rigolé, et les *pourrous* ont circulé. (Un *pourrou*, cousine, c'est une espèce de bouteille à bec verseur : tu la lèves à bout de bras, tu la renverses, un filet de vin te coule dans la bouche et, si tu es adroit ou catalan, tu n'en perds pas une goutte. Quand j'ai essayé, j'ai pris une douche.)

Au centre de l'esplanade, monsieur Ferrer a lissé ses moustaches noires et prononcé un discours. En catalan, malheureusement. Je n'y ai rien compris, sauf que ça faisait rire et applaudir tout le monde. Angel s'est assis à côté de moi, quatre côtelettes dans son assiette et le menton brillant de graisse.

– C'est quoi, cette fête ? ai-je demandé (je savais que je t'en écrirais le récit, cousine, et que tu aimes le pittoresque).

– Une coutume de mon père. D'habitude, le patron, il paye le repas à la fin de la récolte.

Mon père, il le paye aussi le premier dimanche.

– Pourquoi ?

Angel a planté ses dents dans l'agneau (une côte, seulement, une côte...). Dans son visage brun, sous ses cheveux noirs comme le charbon, la pâleur glaciale de ses yeux m'en a paru, comment dire ?... sauvage. (Tu as remarqué, cousine, que les tigres ont les yeux bleus ? Ou je me trompe ?) Il a pris le temps de mâcher, d'avaler, sans que ses yeux, rivés aux miens, cillent une seule fois, et il a répondu :

– Devine, couillon : parce qu'il aime ça, mon père, les fêtes avec les Espagnols. C'est pas pour ce que ça nous coûte : des oignons, des poivrons, deux agneaux et quelques poulets. Il ne faut pas être avare avec le plaisir. Voilà l'opinion de mon père. Tu n'es pas d'accord ?

– Si.

La nuit tombait sur un reste de jour rouge à l'ouest du mas. Angel m'a tendu le *pourrou* :

– Vas-y, Gabriel.

J'ai refusé. Et d'une, j'avais déjà essayé tout à l'heure, et je m'étais inondé le T-shirt. Et de deux, j'avais un peu exagéré ma maladresse (ma manie de me faire aimer en me rendant ridicule, et aussi le souvenir d'une coupe de champagne que tu m'as obligé à boire à Florence, cousine, et tu l'as regretté parce que j'ai cessé aussitôt après d'être timide et sentimental). Angel, lui, s'est enfilé une longue rasade. Ses yeux brillaient de plus en plus. (Les miens aussi, non, ce soir-là, à Florence ? Tu as raison : n'en parlons plus.)

– Tu as choisi une petite ?

– Pardon ?

Du doigt, il m'a montré l'assemblée, bruyante et sombre dans la nuit tombée.

– Une petite Espagnole, a-t-il précisé.

– Ah... Non... Je dois dire...

– Choisis, choisis. Elles aiment ça.

Tu vois, cousine, côtoyer un type en classe et vivre chez lui, ça n'a rien à voir. On fait tout à coup sa connaissance, il n'est plus le même qu'au collège : il est dans son élément, et tu te rends compte que son élément, c'est quatre-vingt-dix pour cent de sa personnalité. (Un peu comme avec toi, cousine, quand j'ai commis l'erreur de te suivre à Florence, avec tes parents, leurs amis et les tiens. Je t'ai découverte. Finalement, dans les repas de famille – je ne t'avais vue que là, jusqu'alors – on est comme en classe : on attend que ça finisse, qu'on nous libère, on ne montre que ce qu'on veut bien montrer, on sourit et on ment.) Par exemple : au collège, Angel ne se distinguait que par son obstination à écrire des poèmes lyriques et à se battre jusqu'au sang contre plus fort ou plus nombreux que lui, qualités, je le reconnais, peu communes, mais qui en faisaient une sorte d'original, d'inadapté.

Là, dans la nuit et parmi la fête – José, Juan et Jordi commençaient à taper sur leurs guitares –, il était à sa place, sur ses terres, dont il connaissait et contrôlait parfaitement les lois. Il était ce que je ne serai jamais, cousine : un fils. Et tu sais à quoi on reconnaît un fils ? Il connaît son rôle sur le bout des doigts, il est à sa place et il la tient tout entière. Je n'avais pas en face de moi mon copain Angel, mais « le jeune Ferrer », seigneur et maître d'un mas, d'hectares et d'hectares de terres et (oui, je ne trouve pas d'autre mot, c'est donc le bon) d'un peuple. Être fils, cousine (ou fille, dans ton cas), c'est régner, et peu importe la réalité de l'héritage, tu règneras toujours.

Comme tu t'en doutes, j'ai gardé mes réflexions pour moi. Je lui ai simplement dit :

– Si j'en choisis une, ce sera la blonde que j'ai vue dans la serre.

Il n'a pas semblé m'entendre. Il déchiquetait une côtelette en observant les trois guitaristes et deux filles qui improvisaient un flamenco (ou autre chose, je ne suis pas expert en folklore ibérique) à la lueur d'un Butagaz.

– C'est drôle, ai-je poursuivi, elle n'est pas là ce soir.

Comme il ne répondait toujours pas, j'ai insisté :

– Si c'était une Espagnole, elle serait là, non ?

Il a enfin tourné la tête vers moi, les babines brillantes de graisse.

– Mon père l'a renvoyée.

– Ah, bon ?

– C'est à cause de toi.

– Juste pour des fleurs ?

– Pour le principe, homme, pour le principe.

Ça m'a fichu un coup. J'ai songé que je ne changerais jamais, éternelle victime de ma maladresse. Jamais je n'aurais dû raconter ça à Angel. J'aurais été un peu plus malin, je m'en serais douté d'avance. Il a essuyé la graisse de ses mains sur son pantalon :

– Allez, Gabriel, tu viens danser ?

Je l'ai regardé, j'ai regardé les filles qui tournoyaient, tapant du talon et levant les bras comme des anses, et j'ai dit :

– Tu rigoles ?

– Tu te dégonfles ?

J'ai encore regardé les filles et j'ai répondu :

– Oui.

(Comme ce soir-là, cousine, où tu m'as invité à danser, à cette fête, à Florence, tu te rappelles ? À cette différence près qu'Angel, j'en suis presque sûr, ne cherchait pas à me ridiculiser, alors que toi, oui.)

Il a dansé. Il s'est avancé dans la lueur du Butagaz de la même démarche raide qu'il a dans la cour du collège, les bras ballants comme deux ustensiles qui l'encombrent. Puis il s'est placé derrière l'une des filles, la plus jolie (tu sais, ces petits yeux noirs, ce petit nez pointu, ces lèvres minces qu'ont les Barcelonaises, et tout leur corps semble aussi fin, aigu que leur sourire, aussi effronté), il a levé ses longs bras, tapé une fois du talon dans la poussière, et il a perdu sa raideur du collège. J'ai vu danser le maître du domaine, le seigneur féodal du mas.

Gabriel Rosso
Résidence Bellevue
Bât. H, escalier C
Las Cobas
66000 Perpignan

le 16 juillet

Pauvre cousine qui pèle,

Ironise, si ça te chante. « L'aigreur-de-la-cousine-rousse-après-un-coup-de-soleil » est une maladie bien connue des spécialistes du tourisme. Préfère l'ombre, ça fera le plus grand bien à ta peau comme à ton orgueil. Non, je ne me vautre pas dans « l'admiration béate du primitif dansant autour d'un feu de joie » : d'abord, c'était une flamme de Butagaz ; ensuite, je te le demande, est-ce tellement civilisé de se trémousser, avec la peau qui pèle, dans les spots d'une boîte et entourée de crétins (allemands, belges ou bataves) chantant, sans en comprendre les paroles, *« Les lumières du port d'Alexandrie / Font voltiger les papillons de ma jeunesse ? »* Médite là-dessus.

Voilà pour la partie « correspondance avec ma chère cousine ». Passons à la suite de notre récit.

Le lendemain de la fête, j'aurais dû être plus fatigué que d'habitude. Bizarrement, je me suis réveillé à trois heures du matin, tout excité. J'ai vite admis que je ne me rendormirais pas, j'ai bu un café et je suis parti sur ma mob, fier coursier. Il faisait nuit encore. Et c'est en voyant se lever le jour, seul sur ma monture, dans une pétarade à réveiller les oiseaux, que j'ai compris pourquoi j'étais dans cet état de nerfs : j'avais rêvé toute la nuit de l'apparition blonde. Un rêve qui ne me changeait guère de la réalité : je l'approchais, presque à la toucher, et, à peine avais-je tendu la main, pffuitt ! elle se volatilisait, ne laissant que son sourire flotter en l'air, comme le Chat du Cheshire dans *Alice*.

En arrivant au mas, je n'ai vu qu'une lumière allumée, à la fenêtre de la cuisine. J'ai coupé le moteur de la mob dès le portail et j'ai remonté l'allée de platanes en pédalant. J'ai posé la Singer sur sa béquille. Je n'avais rien prémédité, mais tout de suite j'ai su ce que j'allais faire.

Tu as bien de ces rêves-là, toi aussi, cousine ? Des rêves où les choses, les gens sont si présents, les sentiments si intenses qu'au réveil ça te semble beaucoup plus réel que la prétendue réalité ? Voilà. Mon rêve me poussait. L'apparition – que je pourrais aussi bien appeler la « disparition », tellement elle a l'art de s'éclipser –, l'apparition donc, cette fille, quoi, avait une telle netteté dans mon rêve que je me rappelais encore son parfum – de roses, bien sûr – et la chaleur de son corps lorsque ma main s'apprêtait à la toucher, une chaleur que je gardais dans la paume, et que je retrouvais, là, au petit matin, en m'approchant du mas.

J'ai choisi la porte à mi-chemin de celle de la cuisine et de celle de la remise. La porte interdite, celle du petit salon vieillot où je l'avais vue, et entendue, le premier matin. Je l'ai poussée, je suis entré.

J'ai été surpris par la fraîcheur du couloir. Il y faisait presque froid, comme dans la serre aux roses la semaine dernière. J'ai eu un frisson, et surtout mes mains sont devenues glacées : la chaleur qu'elles conservaient du rêve s'était dissipée, tout à coup. J'ai avancé, lentement, jusqu'au petit salon.

Il n'y avait plus de petit salon. Plus de meubles, plus de fauteuil. Juste une pièce étroite et ronde, vide. J'ai hésité un moment, failli revenir sur mes pas. Puis je me suis décidé : j'ai franchi la porte du fond.

Un autre couloir, très sombre. J'ai continué, en touchant le mur des doigts, pour me guider. J'ai buté contre un obstacle.

Une marche.

Un escalier.

J'ai inspiré un grand coup – allez, bonhomme, du courage – et j'ai commencé à grimper.

Après une dizaine de marches, l'escalier tournait à cent quatre-vingts degrés et devenait plus clair. Une fenêtre au vitrail bleu ciel ouvrait sur le palier. Pas un bruit. Du moins, je l'ai cru d'abord ; puis j'ai entendu, au loin, à l'extérieur du mas, des voix qui s'interpellaient en espagnol. Les ouvriers. Ils allaient prendre le petit déjeuner à la cuisine. J'ai monté les dix dernières marches.

Sur le palier, un couloir obscur partait sur la droite. À gauche, il n'y avait qu'une porte, près d'une autre fenêtre à vitrail bleu. J'ai ouvert cette porte. Oh, très délicatement, millimètre par millimètre, et prêt à fuir à la moindre mauvaise surprise.

Il n'y a pas eu de mauvaise surprise. Enfin... je ne crois pas qu'on puisse appeler ça comme ça. C'était, dans la lumière de l'aube que filtraient les volets entrouverts, une chambre de fille. De jeune fille. Incroyablement nette et rangée, et propre, comme la mienne ne le sera jamais. Un petit lit de bois clair, recouvert d'un édredon myosotis. Dans un coin, une douzaine de poupées blondes, assises les unes à côté des autres, fixant sur moi leurs yeux bleus écarquillés. Une armoire et une commode, du même bois que le lit. Une table d'écolière, surmontée de quelques photos accrochées au mur. Je m'en suis approché, en contournant le tapis à motifs bleus que je ne voulais pas salir.

Il n'y avait que cinq photos. Ou plutôt, quatre fois la même photo à quelques années d'intervalle. Et une cinquième.

Sur les quatre premières, on reconnaissait sans peine monsieur Ferrer. Il était assis dans un fauteuil d'osier, au milieu de la serre aux roses. Sur sa cuisse droite était assis un gamin de deux ans, puis de cinq ou six ans, puis de dix ans, enfin de douze : Angel. Toujours les mêmes yeux bleu pâle très grands ouverts, le même petit nez, la même petite bouche mince, la même mâchoire à déchiqueter les côtelettes. Simplement, d'une photo à l'autre, comme son père grisonnait, lui mincissait et grandissait. Sur la cuisse gauche de monsieur Ferrer, un autre enfant poussait. Une fille blonde, un peu plus âgée qu'Angel (oh, un an de différence, à vue de nez), avec le même œil fixe et pâle, mais un visage... Je ne peux pas te le décrire, cousine. Regarde-toi dans la glace (comme tu le fais cent fois par jour), oublie ton orgueil et imagine une fille dix fois plus belle que toi (je sais, je te demande l'impossible). C'était la fille de monsieur Ferrer, la sœur d'Angel, ça crevait les yeux, même si elle leur ressemblait comme un papillon ressemble à sa chenille.

La cinquième photo, couronnant les quatre autres, représentait une femme blonde, assise dans le petit salon que j'avais trouvé désert, vidé de ses meubles, en bas, quelques minutes auparavant. Elle portait la même robe de coton à fleurs bleues que sa fille – car ce ne pouvait être que sa fille –, le jour où je l'avais surprise dans ce petit salon.

J'ai regardé autour de moi, et j'ai eu une curieuse impression. Cette chambre ressemblait à une *vitrine*. Je ne sais pas pourquoi ce mot m'est venu à l'esprit aussitôt. Ta chambre aussi était bien rangée, cousine, dans votre palazzo de Florence, et gloire aux domestiques qui faisaient bien leur boulot. Pourtant, il y avait toujours un livre ouvert, les pages écartelées au milieu du lit, et une jupe – ou un soutien-gorge – jetée sur le dossier du fauteuil. Et ton parfum. Ton parfum sucré-amer (aigre-doux ? sueur-Chanel ?) flottait toujours dans ta chambre, même quand tu n'y étais pas, et je le sais parce que j'y entrais quand tu n'y étais pas, et je prenais le livre ouvert sur ton lit, et j'essayais d'y deviner les derniers mots que tu y avais lus, et je prenais ta jupe jetée sur le fauteuil (ou, miracle qui me tordait l'estomac, ton soutien-gorge), et je la froissais doucement dans ma main, et je la frottais sur ma joue, et j'étais le roi des crétins transis d'amour.

Là, dans cette chambre, à quatre heures et demie du matin, il n'y avait ni poussière ni désordre ni parfum. J'ai ouvert l'armoire : des robes et des manteaux, sur leurs cintres. J'ai inspecté les tiroirs de la commode : des T-shirts et des chemisiers, des culottes et des collants de laine ; pas de soutien-gorge. J'ai pris l'un des chemisiers, je l'ai déplié, tenu à bout de bras : un chemisier de petite fille, qui va à la messe le dimanche.

J'ai tout refermé, tout remis en place. J'aurais presque, comme les assassins dans les films, effacé mes empreintes digitales. Et je me suis dit que j'aurais dû m'en tenir à mon rêve : il était beaucoup plus vrai que ma visite dans cette chambre.

Je suis sorti du mas sans encombre. M'étonnant juste que l'air du matin soit si chaud. J'avais toujours les mains glacées. Je n'ai pas rejoint les autres à la cuisine. Je me suis dirigé vers les abricotiers et j'ai attendu, sous un arbre, que José, Juan et Jordi apparaissent, avec leurs têtes de brigands. Puis je suis allé chercher les échelles.

Assis dans la remorque, Angel se massait le front.

– Ho ! c'est toi, homme ? J'ai trop dansé, hier.

– Alors tu as dansé avec un *pourrou*.

Il a arrêté de se masser le front, m'a dévisagé et, soudain, s'est mis à rire :

– Hé ! C'est que tu deviens drôle !

Surpris, et un peu vexé, je n'ai pas répondu. J'avais toujours cru que je l'*étais*, drôle. Et donc, ai-je réalisé, Angel ne m'aimait pas comme on aime le bouffon du collège, mais pour d'autres raisons, mystérieuses. Je n'avais jamais envisagé qu'on puisse m'aimer sans rire de moi (d'autant que j'en connais pas mal – toi, par exemple, cousine – qui rient de moi sans m'aimer). C'est peut-être ce qui m'a donné l'idée, ou le courage, ou la bêtise, de lui demander :

– Finalement, c'est qui, en vrai, cette fille blonde ?

(Je te passe une nouvelle description de son regard de tigre, cousine. Garde bien à l'esprit, quand je te raconte un dialogue avec lui, que ses yeux sont clairs comme une lame et qu'il te les enfonce droit dans les tiens, interminablement.)

– Un rêve que tu as fait, homme.

Il m'a passé une échelle par-dessus la remorque.

– Tu es amoureux, hé ?

– On peut le dire comme ça.

– Alors je n'aurais pas dû.

– Quoi ?

– Pas dû renvoyer la petite Espagnole blonde. Je pourrais peut-être la faire revenir, après tout.

– Non. Tu ne pourras pas.

– Pourquoi ?

– Passe-moi une autre échelle.

Il me l'a passée. Et là, j'ai répondu :

– Elle n'existe pas.

– Ta petite Espagnole ? Pourtant, c'est toi qui l'as vue, homme.

– Je sais ce que j'ai vu.

Il m'a passé la troisième échelle. Il a recommencé à se masser le front.

– Dis-moi...

– Oui ?

– Tu l'as revue ?

– Non. Mais j'ai vu autre chose.

– Que tu ne me diras pas, hé ?

– Tu en sais autant que moi. Non : plus que moi.

Il a enjambé le hayon, a sauté devant moi.

– Si je fais revenir ta petite Espagnole, là, la blonde, tu seras satisfait ?

J'ai reculé jusqu'aux échelles, en ai soulevé une.

– C'est ça. Étonne-moi.

J'ai passé les trois échelles sur mes épaules, et je suis parti rejoindre mon équipe. Angel a crié :

– Homme ! Ho, homme !

Puis :

– Gabriel !

Je ne me suis pas retourné.

Toute la matinée, j'ai cueilli – comme une machine, comme un Espagnol. Je connaissais désormais assez bien le boulot pour laisser mes mains faire ce qu'elles avaient à faire, et penser quand même. Je revoyais la chambre. Et je me disais que quelque chose m'avait échappé, un détail qui m'aurait tout appris. Appris quoi ? Justement. Ça tournait en rond dans ma tête, ça ne tournait pas rond. Si j'y réfléchissais le plus tranquillement possible, je mettais en ordre des choses simples (*simples* n'est peut-être pas l'adjectif juste, non, cousine, qu'est-ce que t'en penses ?) : un, j'avais vu une très jolie fille blonde ; deux, ce n'était pas une Espagnole ; trois, elle avait une chambre au mas ; trois *bis*, elle était la sœur d'Angel ; quatre, elle n'avait pas dormi dans sa chambre la nuit dernière ; cinq, où était-elle ? Et pourquoi Angel tenait-il tellement à me la faire prendre pour une petite Espagnole ? Est-ce qu'on la séquestrait ? Les avais-je, par mon indiscrétion et ma maladresse, obligés à l'enfermer dans une cave, un cachot, une oubliette ? À la jeter au fond d'un puits ? Et pourquoi ?

Parvenu à ce point culminant de ma réflexion (réfléchissais-je ?), José me criait de me réveiller, je cueillais à toute vitesse quelques abricots et j'arrivais toujours à la même conclusion : il fallait que je retrouve cette fille et *que je la sauve*. Une fois que je l'aurais sauvée, je saurais de quoi je l'avais sauvée.

À la pause de dix heures, monsieur Ferrer est apparu sous mon échelle.

– Il faut que je te parle, petit. Descends.

Nous sommes allés à l'écart des trois frères qui se préparaient leurs tartines frottées d'oignon et d'huile d'olive. Je me sentais plutôt mal à l'aise. Avait-il découvert ma petite visite de l'aube dans la chambre de sa fille ? Angel lui avait-il raconté que je commençais à être beaucoup trop indiscret, trop curieux ?

– Petit, chez moi il n'y a jamais de favoritisme. Je t'ai fait travailler comme n'importe quel ouvrier. Et tu as travaillé. C'est bien.

Il a marqué une pause. J'ai attendu la suite.

– Maintenant, a-t-il repris, tu as gagné ta place. Tu m'as donné le droit de te traiter pour ce que tu es : un ami d'Angel.

Il m'a posé la main sur l'épaule.

– Tu me ferais plaisir si demain, après le travail, tu dînais avec nous au mas. Tu pourras y dormir aussi. Tu es d'accord ?

J'ai hésité. Sa main était très, très lourde sur mon épaule.

– Écoutez, merci...

J'ai cherché à toute vitesse une excuse pour échapper à son invitation. J'ai pris ma voix de petit garçon :

– Mais il faudra que je demande la permission à ma mère.

– C'est ça, demande-lui sa permission. Dis-lui qu'Angel et moi tenons beaucoup à te garder.

– Je lui dirai, mais... je ne sais pas si...

– Allons, allons, tu es un homme qui travaille, à présent. Elle peut t'accorder cette petite liberté.

– Sûrement.

Je l'ai regardé partir, immense et large comme un ours, en me demandant ce que cachait cette gentillesse inattendue.

Chapitre 2

Rosso Gabriel
Notre-Dame de Bon-Secours
Dortoir des garçons
39, avenue Julien-Panchot
66000 Perpignan

le 12 octobre

Cousine,

Oui, je sais, je ne t'ai plus écrit depuis trois mois. On se reverra à la Toussaint, de toute façon : maman a décidé qu'elle viendrait à la réunion de famille de Ternant. Renouer avec la famille en allant porter des chrysanthèmes sur la tombe d'Estelle puis en bâfrant à sa mémoire, c'est encore ce qu'elle a trouvé de mieux pour que je cesse de t'écrire. Pourquoi pas ? « Les vivants réconciliés par les morts » : presque une allégorie, comme dirait mon prof de français. Je viendrai aussi. Je sens à présent qu'on peut se réconcilier, toi et moi. Simplement : quand nous serons réconciliés, je crois que maman a raison, je ne pourrai plus jamais t'écrire.

Tu te demandes, avec ton ironie toujours légère, comment se sont terminées mes amours agricoles ? Non, tu t'en fiches, en réalité. Sans doute quelque Allemand, Belge ou Batave de Mykonos t'a-t-il empêchée de garder deux minutes trente de pensée quotidienne pour ton cousin. Je te comprends ; ça ne veut pas dire que je te pardonne.

Tu te rappelles (non, tu ne te rappelles pas, mais on fera comme si) que j'étais invité à dîner et à coucher au mas Ferrer. Que j'en étais presque à imaginer un guet-apens, punition méritée après mon vol (sans effraction) de souvenirs dans une chambre de petite fille. Que mon courage légendaire me soufflait de décliner l'invitation pour échapper à l'embuscade. Eh bien, cependant, j'y suis allé.

La nuit précédente, j'avais de nouveau rêvé de la fille blonde, l'apparition. Un rêve assez semblable au premier. J'essayais de la rejoindre – elle se tenait dans un fauteuil du petit salon, puis au sommet de l'escalier, puis assise parmi les poupées de sa chambre. À chaque fois elle se volatilisait au moment où j'allais la saisir. Je tendais les bras, je courais à elle, on aurait pu croire que je voulais l'empoigner comme un adversaire sur un terrain de rugby – tu imagines : moi et mes cinquante kilos tout mouillé, et ma sainte horreur des vestiaires, des ballons et des sportifs. Moi qui n'ai jamais touché une fille qu'en jouant à « chat » – il y a bien quatre ans de ça, et d'ailleurs j'attrapais très rarement les filles, de peur, non pas de les toucher, mais qu'elles s'aperçoivent que je ne jouais à « chat » avec elles que pour avoir le prétexte de les toucher (j'ai beaucoup joué à « chat » avec toi, non, cousine ?). À la fin du rêve, lorsqu'elle s'est encore évanouie comme un fantôme farceur au beau milieu de ses poupées, elle a réapparu assise en amazone sur sa table d'écolière. J'étais très déterminé : je me suis encore jeté sur elle, et j'ai su qu'elle allait encore disparaître. Ça ne m'empêchait pas de me précipiter à sa rencontre, et elle s'est dissoute, une fois de plus, quand mes bras se sont refermés. Évaporée comme une petite fumée montant vers les photos accrochées au mur. J'ai compris qu'elle était enfin à sa place, que sa place, c'étaient les quatre photos, et que pour la rejoindre il me fallait aussi entrer dans les photos. J'ai essayé, essayé d'entrer dans les photos, et c'est sans doute à ce moment-là que mon rêve s'est transformé en cauchemar. Je me suis réveillé, en sueur, assis sur mon lit. Il était trois heures à ma montre. Je suis allé à la cuisine boire un verre d'eau et j'ai décidé de me rendre à l'invitation des Ferrer.

Nous avons dîné dans une grande salle à manger sinistre. En bout de table, monsieur Ferrer, ses épaules d'ours et ses moustaches de terroriste arabe. De chaque côté, Angel et moi – et la table faisait bien cinq mètres de long, autant dire, cousine, que je pouvais couper ma viande en écartant les coudes sans gêner personne ni te faire ricaner de ma mauvaise éducation. J'étais un peu crispé. J'attendais qu'à un détour de la conversation monsieur Ferrer se lève, aille fermer les portes à double tour et me demande : « Alors, rouquin ? Qu'est-ce que tu fichais dans la chambre de ma fille ? Qui t'a permis d'entrer chez moi comme un voleur ? »

Au lieu de quoi, le père et le fils Ferrer ont parlé de la récolte et du travail des Espagnols, pendant que la vieille Évangeline nous servait en silence. Puis monsieur Ferrer m'a félicité de mes résultats en classe (« Angel m'a dit que tu étais une tête ») et m'a fait part de son étonnement (« Une arbalète comme toi, jamais je n'aurais cru qu'elle tienne le coup aux abricots »). Je me suis senti plutôt fier, en somme. Mais je gardais ce soupçon à l'esprit : il me flatte, c'est pour mieux m'endormir. J'attendais qu'ils *en* parlent, bref : qu'ils parlent d'*elle*.

Évangeline nous a apporté le café. Monsieur Ferrer me racontait comment, à vingt ans, juste après le service militaire, il était parti travailler pour une compagnie d'aviation au Cameroun (« Je savais bien que ma vie serait là, au mas de mon père. Mais je voulais en essayer une autre, de vie, d'abord ») et, alors que je n'écoutais plus vraiment – la fatigue, et puis, je commençais à me détendre, puisqu'on n'*en* avait pas parlé –, il a fait remarquer à Angel qu'il était « africain » puisque né au Cameroun, comme sa sœur. Le mot m'a réveillé. Sans réfléchir, j'ai demandé :

– T'as une sœur ?

Le père et le fils se sont regardés. Ou plutôt : Angel a regardé son père, qui a haussé les sourcils. Imagine, cousine, quand deux tigres se regardent dans les yeux.

Angel m'a jeté un bref coup d'œil :

– Tu ne le savais pas ?

Et ses yeux me disaient clairement : laisse tomber, tais-toi. C'était trop tard.

– Non. Et où est-elle ?

Il me considérait. Impassible. Non, ce n'est pas le bon mot : « froid » serait mieux – ou bien : fermé, clos, minéral. Le silence qui a suivi a été très long. J'ai fini par plonger le nez dans ma tasse à café, une façon comme une autre de détourner les yeux.

– Bon, a dit monsieur Ferrer. Prenons l'air avant d'aller nous coucher.

Il s'est levé de table.

Sur la terrasse surplombant l'esplanade, on sentait que l'été s'était installé pour toujours. L'air était si lourd et chaud qu'on ne pouvait pas imaginer que l'automne, puis l'hiver finiraient par revenir, quoi qu'il arrive. On entendait, loin derrière le mas, les guitares et les chants des Espagnols.

– Ils font la fête tous les soirs ? Ils ne sont pas crevés ?

– Ils vivent leur vie, *nine*. Quand on sait

se faire mal (tu les as vus travailler ?), on sait aussi se faire plaisir.

Ça lui paraissait évident. Pas à moi. J'aurai beau cueillir « comme un Espagnol », je ne serai jamais que ton cousin, cousine, qui appartient à une famille où le mal et le plaisir ont des définitions plus tordues et plus floues.

Nous avons marché un moment autour du mas. Nous nous taisions. C'est-à-dire qu'ils se taisaient, et qu'il fallait bien que je la ferme aussi. J'aurais aimé évoquer ce que j'éprouvais, le ventre plein, les membres fatigués, à me promener au ralenti dans l'air cotonneux et tiède de ce début de juillet. Et puis, dans ce silence forcé, j'ai compris que justement il n'y avait rien à dire : il n'y avait qu'à se promener. Les plaisirs simples, cousine, comme celui, par exemple, d'être vivant et d'avoir du beau temps, crois-moi, ça vaut le coup de les essayer en silence.

Nous sommes allés nous coucher. Angel m'a montré ma chambre, au deuxième étage, au bout de je ne sais combien de couloirs et de volées de marches, genre labyrinthe.

– Mon grand-père a dessiné lui-même les plans du mas, m'a-t-il expliqué. Il était un peu fou. Il y a plusieurs maisons dans cette maison.

Je n'ai pas osé lui parler du petit salon et de la chambre de fille que j'avais visités la veille, qui avaient l'air, en effet, d'une maison de poupée au cœur de ce grand mas. Il m'a montré où se trouvaient les toilettes et m'a souhaité bonne nuit.

J'allais fermer la porte quand, se retournant, il l'a retenue de la main :

– J'avais oublié : la petite Espagnole, là, ta blonde, j'ai retrouvé sa famille et j'ai demandé qu'on la fasse revenir. Tu es content ?

Nous nous sommes observés un moment dans l'entrebâillement de la porte.

– Magnifique...

Dans l'obscurité du couloir, je ne voyais que le bleu pâle de ses yeux.

– Alors, bonne nuit ?

– Bonne nuit.

Il m'a laissé fermer la porte.

À ma place, qu'est-ce que tu aurais fait, cousine ? Je me le suis demandé, figure-toi, parce que à l'époque (il y a une éternité : trois mois...) je te croyais encore insolente, et originale, et aventurière. (Dit de façon plus simple : je croyais que l'aventure, l'originalité et l'insolence, c'était ta façon de vivre avec tes parents, de Florence à Mykonos, en passant par Rome, Djerba, Barcelone et Athènes. Je n'avais pas encore compris que, où que tu ailles, tu croises toujours les mêmes petits personnages, allemands, belges ou bataves, dans les mêmes discothèques et en dansant sur les mêmes airs. – Pardonne-moi d'être si « critique », cousine.) N'empêche : grâce à l'idée que je me faisais de toi à l'époque, j'ai choisi l'aventure. Donc de ne pas me coucher, de patienter jusqu'à minuit et, lorsque tout le monde serait endormi, d'aller rendre une visite nocturne à la fameuse chambre de fille au-dessus du fameux petit salon.

Imagine, cousine, ce mas, aussi vaste que ton palazzo de Florence, l'an dernier. Sauf que ton palazzo, un architecte l'a dessiné, il y a trois cents ans, avec le souci des proportions et une logique très classique dans l'emboîtement des pièces, des couloirs et des escaliers. Le grand-père Ferrer, en dessinant les plans du mas, se fichait pas mal de la logique et des proportions. Quand je trouvais une porte, je croyais arriver dans une pièce : je tombais sur un nouveau couloir, et coudé. Quand je franchissais ce coude, un escalier montait ou descendait, on ne savait pourquoi, ni d'ailleurs ce qui s'ouvrirait derrière : une pièce (grande ou petite ?), un autre couloir, un autre escalier ou, comme ça m'arriva, un mur ? Je n'étais jamais déçu, c'est-à-dire que j'étais toujours surpris. Songe aussi qu'il faisait noir, dans ce dédale. Et tu prédiras que je vais m'égarer.

À la forme ronde de la pièce, j'ai reconnu une tour. Mais laquelle ? La tour d'orient ? Celle d'occident ? Et à quel étage ? Je devais me repérer : je me suis approché d'une fenêtre.

Une demi-lune éclairait l'esplanade au-dessous de moi et, plus loin, les ombres japonaises des abricotiers. Tour d'orient. Deuxième étage. Je savais au moins où j'étais. Ne me restait plus qu'à m'ouvrir un chemin à rebours vers ma chambre, et m'y coucher.

Je ne l'ai pas vue, d'abord. J'allais m'éloigner de la fenêtre quand une lueur, plus vive et blanche que la lune, s'est allumée à la lisière des abricotiers, derrière la serre.

J'ai supposé qu'il s'agissait d'une lampe électrique. J'ai guetté, le nez à la vitre. La lueur tremblait, hésitait, s'éteignait un instant, se rallumait soudain, étincelait.

Quand elle s'est engagée sur l'esplanade, j'ai reconnu sa robe de coton fleuri. Toujours la même. Sans doute la lampe qu'elle portait l'éclairait-elle assez pour qu'elle surgisse comme en plein jour : ses cheveux blonds semblaient baignés d'un halo électrique, une mandorle lactée. Je ne sais pas.

(Je ne sais pas, cousine, parce que je n'ose

pas. Je n'*ose* pas t'expliquer ce que j'ai vu. Je ne sais pas ce que j'ai vu.)

Elle a marché lentement, posément, comme glissant jusqu'au centre de l'esplanade. L'esplanade était de gravier blanc, cousine. Détail essentiel. Le peu de clair de lune y réfractait un gris pâle et elle, Maria ? – décidément, elle ne portait aucune lampe à la main –, renvoyait ou recevait dix fois plus de lumière. J'ai ouvert la fenêtre, me suis penché par-dessus l'appui. J'ai entendu les grillons, là-bas, vers la pelouse de la terrasse. Tu sais, la nuit, dans les campagnes, comme les sons portent loin. Cette fille, dix mètres en contrebas, foulait le gravier dans le plus surnaturel silence.

Oui, tu as raison : j'avais sommeil et plus tous mes esprits. J'y ai pensé avant toi, dès cet instant. J'ai plaqué ma joue sur la vitre froide : « Réveille-toi. »

Tout cela n'a duré que quelques secondes, le temps qu'elle parvienne au milieu de l'esplanade. Puis un nuage a masqué la demi-lune, il a fait noir. L'apparition brûlait toujours. J'ai fermé les yeux et collé plus fort ma joue à la vitre.

Paupières serrées, je l'ai entendue fredonner sa chanson morose. Morose, cousine, est un mot dicté par les roses qu'elle cueillait quand je l'ai surprise dans la serre. À bien l'écouter, « dans le retrait de mes yeux clos », la mélodie, bien qu'en mineur, n'était ni gaie ni triste, encore moins maussade, mais comme un chant d'église, une prière solitaire et calme. Ne te moque pas, cousine : je cherche mes mots, pardonne-moi s'ils ne sont pas ceux de tes nuits allemandes, belges ou bataves. Bref, disons que j'avais la trouille.

Des portes ont claqué, et des voix, et des pas sur le gravier. J'ai reconnu monsieur

Ferrer, Évangeline et Angel. Je me suis rejeté en arrière. Qu'ils ne me surprennent pas à mon guet aveugle dans la tour.

J'ai trouvé un raccourci jusqu'à ma chambre. Elle était à dix mètres à peine de cette tour. Je me suis couché mais, tu penses bien, sans m'endormir. Je repassais dans ma tête le film de la dernière apparition – jamais le mot « apparition » n'avait mieux convenu. Et je me suis demandé, cousine, entortillé dans mon drap comme un gosse qui a peur du noir, si je n'étais pas tout simplement dingue. Givré. Car plus j'y repensais et plus ça me semblait absurde et évident : ce que j'avais vu sur l'esplanade, ce n'était pas juste une super jolie fille qui se baladait la nuit, peut-être en pleine crise de somnambulisme, c'était un phénomène surnaturel, un de ces machins ridicules qui arrivent dans les feuilletons américains où les spectres et les extraterrestres surgissent à tous les coins de rue. Seulement, ça n'existe pas, les aliens et les fantômes, même si ça me fiche la trouille. Alors, j'avais vu quoi ?

J'ai dû passer une heure comme ça, à faire semblant de réfléchir. Mais, tu as remarqué, cousine ? on ne réfléchit pas, la nuit, on délire. Dans ton palazzo, à Florence, plus d'une fois je suis resté sans dormir, à me repasser tous tes gestes, tous tes sourires, et j'en arrivais à me dire que finalement tu m'aimais bien, que j'étais trop timide, que tu attendais que je me décide, alors je me décidais, je me levais, j'étais plein de courage, « oui je vais la rejoindre dans sa chambre », et j'étais là, debout dans le noir, et je me disais tout à coup non, elle me méprise, si tu vas dans sa chambre tu cours à la catastrophe, et je me recouchais. Pourtant, une nuit (celle, tu te souviens ? où tu m'avais fait boire du champagne), j'ai osé, j'ai traversé tout l'immense couloir, en petite tenue, j'ai poussé ta porte, je suis entré, je n'ai pas fait de bruit, je me suis approché de ton lit, c'était facile, tu ne fermais jamais les rideaux ni les volets, il faisait une nuit très claire, une nuit de pleine lune et de plein d'étoiles, et je t'ai vue, tu dormais sur le ventre, un genou replié, les doigts de la main droite posés sur ton cou, je suis venu tout près, je me suis penché sur toi, j'ai senti ton odeur, une odeur de soleil et de lait caillé, tu avais la bouche entrouverte et tu bavais. Comme un bébé. L'oreiller en était tout taché. Alors je suis parti, doucement, à reculons. Pas parce que tu me dégoûtais, non. Tu m'attendrissais – O.K., je sais, le mot est idiot, c'est un mot interdit, tu as une idée tellement fausse de toi-même que tu préférerais me dégoûter que m'attendrir. Tant pis, cousine, ça s'est passé comme ça. Tout le reste des vacances, je t'ai permis de m'humilier sans réagir, et tu as fini par laisser tomber, ça ne t'amusait plus, je n'avais plus l'air de l'imbécile amoureux, tu as cherché d'autres victimes. Qu'aurais-tu fait si tu avais su que je t'aimais encore plus, en tout cas *mieux*, parce que tu sens le lait caillé et que tu baves en dormant ?

Donc tu as compris (ne déchire pas encore ma lettre, cousine) que j'ai fini par me relever, enfiler mon jean et mon T-shirt et affronter à nouveau le labyrinthe du mas. Peut-être retrouverais-je cette fille, l'apparition, peut-être comme toi l'an dernier baverait-elle dans son sommeil, la joue écrasée sur l'oreiller, et peut-être saurais-je enfin pour de bon que je suis destiné à aimer des filles trop belles pour moi, à découvrir le secret enfantin que leur beauté cherche à cacher, et à ne pas pouvoir me servir de ce secret : nous nous ressemblons, ma laideur et leur beauté nous empêchent d'être aimés pour ce que nous sommes.

Rosso Gabriel
Notre-Dame de Bon-Secours
Dortoir des garçons
39, avenue Julien-Panchot
66000 Perpignan

le 13 octobre

Chère cousine,

Pour la première fois j'écris ces deux mots sans ironie. Tu ne te moques plus de moi, cousine ? Parce que, par exemple, tu serais amoureuse, et repoussée ? Tu vois, je n'ai jamais cru à cette expression idiote: «il faut souffrir pour être belle». Mais je crois volontiers qu'il faut souffrir pour être humain. Belle, tu l'étais déjà; j'aurais tant voulu que tu deviennes humaine. Alors merci au sale frimeur qui, peut-être, saurait te faire souffrir. Tu pleurerais beaucoup, seule dans ta chambre, cousine. Le sel des larmes est le sel de la philosophie. Bien sûr, je m'arrangerais pour te revoir avant que tu aies guéri de ce type et recommencé à faire souffrir les désarmés dans mon genre. (Mais il est vrai que tu ne me trouves pas si désarmé que ça. Tu disais – c'était ton seul compliment – que je connaissais les mots qui portent, et que je savais m'en servir. Cousine, l'homme de Cro-Magnon n'aurait jamais parlé, j'en suis sûr, s'il n'avait appris à aimer et à vouloir être aimé, ni pleuré la mort de ses proches. Tuer des mammouths et monter des femelles, un animal peut le faire.)

Cette fois-là je me suis déplacé dans le mas avec plus de méthode. Il était deux heures du matin, la lune s'était levée, elle éclairait certains détours du labyrinthe. Mon plan était simple : sortir d'abord sur l'esplanade, retrouver la porte du petit salon, y entrer. Il s'est déroulé sans problème. C'est en marchant sur le gravier que je me suis rendu compte que j'étais pieds nus.

Le petit salon était toujours aussi démeublé. J'ai trouvé l'escalier, puis la lueur bleue du vitrail de l'étage. Je ne pouvais pas me tromper de porte, je me rappelais chaque détail de ma première visite de voleur. Mais elle était fermée à clé.

Ça ne m'a pas découragé. Au contraire. Une porte fermée à clé est une porte sur le mystère – ou, si tu préfères : sur l'indiscrétion. Cette nuit-là, je serais indiscret jusqu'au bout. (Tu as remarqué ? Ce qu'on appelle mystère ou secret, c'est l'intimité des autres. « Rien à cacher » : une devise de crétin ou d'escroc supérieur.)

J'ai poussé la fenêtre au vitrail. J'avais en tête le plan de la chambre de petite fille dont la fenêtre s'ouvrait à moins de deux mètres sur la même façade. J'ai enjambé la balustrade. J'ai fait le funambule, le monte-en-l'air, le rat d'hôtel. Plus de maladresse ni de vertige. J'ai progressé sur un étroit ressaut de pierre jusqu'à la fenêtre de la chambre. Elle était entrebâillée. J'y ai appuyé la main : elle m'a livré passage.

Mes pieds nus ont reconnu le tapis. J'ai avancé sans un bruit jusqu'au lit que la lune dessinait contre le mur d'en face. Je retenais mon souffle, j'entendais celui de la dormeuse. Un souffle calme, profond. (Je me suis rappelé le tien, cousine, une nuit dans le palazzo : tu ronflais presque, et c'était rassurant, presque aussi attendrissant – humain, cousine, humain – que ta bave, plus tard, sur l'oreiller.)

Elle dormait à plat dos, les bras le long du corps. On l'aurait crue morte. Ses cheveux blonds, éparpillés comme un jeu de mikado, étaient jetés autour de son visage. Je suis resté là, je ne sais combien de temps, avec un sentiment de triomphe : elle existait, elle dormait dans cette chambre, je la voyais.

Cette révélation me suffisait. Je pouvais désormais remonter dans ma chambre. J'allais m'enfuir. J'ai entendu :

– Tu es là.

J'ai eu peur, je l'ai regardée et j'ai posé l'index sur ma bouche :

– Chut... Je passais... C'est tout...

Elle s'est redressée, très lentement, assise sur son lit. Elle a réuni ses cheveux dans sa main gauche et m'a examiné :

– Je ne savais pas que c'était toi.

– Je m'en vais, rendors-toi, c'est... c'est comme si je n'étais pas venu...

– C'est toi, a-t-elle affirmé comme une évidence.

Je dansais sur un pied, prêt à prendre la fuite.

– Oui, on s'est vus un matin, en bas. Tu... tu chantais.

Je ne sais pas qui j'essayais de rassurer en parlant : elle ou moi ?

– Après, Évangeline est venue te chercher, elle était plutôt de mauvaise humeur et... Voilà... Après, on s'est revus dans la serre, aussi... Excuse-moi. Excuse-moi d'être entré dans ta chambre. Je... je ne sais pas pourquoi, mais je voulais te voir. Bon. Je t'ai vue. Je m'en vais.

– Que dois-je faire maintenant ?

– Euh... Rendors-toi, hein, c'est le mieux ?

Je me suis détourné vers la fenêtre. Je me sentais encore plus idiot que d'habitude.

– Et, s'il te plaît... Ne dis rien à ton père, ni à ton frère.

J'ai enjambé la fenêtre. Elle a répété, sur un ton que je ne peux pas te décrire, cousine, un ton qui m'a effrayé sans que je comprenne pourquoi :

– Que dois-je faire maintenant ? Que dois-je faire ?

J'ai osé la regarder à nouveau. Il m'a semblé – était-ce un rayon de lune entrant par la fenêtre ? – que son visage s'éclairait d'une lueur d'or pâle et, comme la première fois, dans le petit salon, elle m'a rappelé certains tableaux que j'ai vus avec toi à Florence et j'ai compris tout à coup que je m'étais trompé : elle ressemblait à ces toiles religieuses de la Renaissance, non par le visage ou la blondeur, mais par cette lumière même, cet éclat étrange et sourd.

Sans réfléchir, j'ai franchi la rambarde de la fenêtre, mes pieds nus ont trouvé la corniche, j'ai longé les deux mètres de façade, escaladé la fenêtre au vitrail et je me suis enfui. Je suis retourné, sans encombre, jusqu'à ma chambre. Je n'y ai pas dormi. Jusqu'à l'aube, j'ai pensé à toi. À la dernière fois où je t'ai vue, l'été dernier.

Tu étais étendue dans ton lit, là encore, les yeux fermés, les bras croisés, bien sage et bien coiffée. J'aurais voulu que, comme un bébé, tu baves sur l'oreiller. Mais non. Et tu ne sentais plus le lait caillé. Tu sentais comme un parfum d'église. Est-ce que c'était la flamme des bougies à ton chevet ? Il y avait sur ton visage immobile et pâle la même lueur d'un or rayonnant et glacé.

Rosso Gabriel
Notre-Dame de Bon-Secours
Dortoir des garçons
39, avenue Julien-Panchot
66000 Perpignan

le 1er novembre

Estelle, ma cousine, petite étoile,

Ce sera ma dernière lettre. Il faut bien que j'arrive au bout de mon histoire, j'ai assez joué avec ta patience – qui n'est pas grande, je l'ai appris à mes dépens. (Tu te rappelles ce matin-là où tu es partie dans la Porsche immonde d'un Allemand, Belge ou Batave, sans daigner m'écouter ? Ça valait mieux, peut-être, j'avais décidé de te parler de l'odeur de lait caillé et de ta bave sur l'oreiller, et c'est un genre de poésie auquel tu aurais sûrement préféré celui de la Porsche.)

Je suis resté encore une quinzaine de jours au mas Ferrer. Comme j'avais pas trop mal bossé et que les Espagnols m'avaient adopté, après la cueillette des abricots j'ai « fait » les tomates et les salades. Après quoi, j'étais bronzé – autant que peut l'être un rouquin comme moi –, épuisé et riche. Je n'ai plus jamais approché la fameuse chambre de jeune fille. Je n'ai plus jamais vu « la fille de l'ogre ». Je crois que je ne tenais plus tellement à la voir.

Le dernier dimanche, monsieur Ferrer a organisé une autre fête, José, Juan et Jordi ont sorti leurs guitares, on a mangé des poivrons à l'huile et de l'agneau grillé, les filles brunes et Angel ont dansé en claquant des talons, j'ai appris à boire au *pourrou* sans m'inonder le T-shirt. Une belle fin de travail, ivre et paisible. Je pensais aux après-midi où j'irais à la plage sur mon futur scooter (presque) neuf; je ne pensais (presque) plus à toi. Je n'avais plus besoin de t'écrire, j'étais devenu un type comme les autres, j'appartenais à une tribu de Gitans espagnols, mes mains étaient calleuses et enflées. Depuis un an, ma mère m'avait dit et répété sans cesse : « Oublie, Gabriel. Reviens à la réalité. » J'y étais revenu, à ma manière. Je t'avais presque oubliée, cousine.

L'été a été magnifique. Jusqu'à la fin juillet, j'ai profité de mon scooter sur toutes les départementales et les chemins de la région, j'ai écumé les plages, j'ai englouti je ne sais combien de glaces italiennes et j'ai admiré des centaines de jolies filles en maillot de bain avançant à petits pas crispés vers la langue de la vague ou plongeant dans la mer, fusées, delphines, téméraires – jolies filles. Non, cousine : je ne leur ai pas adressé la parole. Pourquoi gâcher le plaisir de voir ?

Un jour, on a sonné chez moi, tôt le matin. Ma mère était déjà partie à son boulot, je dormais. J'ouvre la porte : c'est Angel Ferrer.

– Ah ?... Entre, entre. C'est une surprise.

Tu te souviens ? À force de vivre et de travailler dans la propriété de son père, j'avais fait de lui une sorte de jeune prince féodal. Dans la minuscule entrée de l'appartement, il ne savait où mettre son grand corps de brute intelligente. On a un peu piétiné sur place, gênés tous les deux de son intrusion. J'ai fini par l'emmener dans ma chambre – mon domaine.

Je me suis assis sur mon lit, il a pris le vieux fauteuil de Skaï rouge, il ne me regardait pas en face. J'ai soudain été saisi d'une intuition : est-ce qu'il n'aurait pas écrit, ces derniers temps, de nouveaux poèmes lyriques (un recueil !) à me faire lire et apprécier au plus vite ? Mon Dieu. Pas maintenant, pas là, pas tout de suite, pas au réveil, avant même la douche et le café... J'ai commencé à rassembler mes idées.

– Tu as quelque chose à faire ce matin ? D'urgent, je veux dire.

J'ai cherché la bonne réponse, celle qui m'épargnerait l'épreuve : j'avais la tête vide.

– Parce que, si tu veux bien, j'aimerais que tu viennes avec moi. Je t'emmène quelque part.

Je crois, cousine, que j'ai été si soulagé de m'être trompé sur ses intentions que j'ai répondu en riant presque :

– Bonne idée !

Et c'est comme ça que je me suis retrouvé, au bas de l'immeuble, devant la vieille Volvo break que conduisait monsieur Ferrer.

– Ça va, *nine* ? Je suis content que tu viennes.

À tout hasard, j'ai répondu que j'étais content aussi tandis qu'Angel me poussait dans la voiture.

– Où on va ?

– Tu verras, m'a dit Angel.

Son père a ajouté :

– Il vaut mieux que tu voies quand tu y seras.

– Mais encore ?

J'essayais de faire de l'humour, mais, tu sais, cousine, je ne la sentais pas, cette excursion. D'ailleurs ni l'un ni l'autre ne m'a répondu. J'ai eu le bref mais intense sentiment qu'ils m'enlevaient.

La Volvo a quitté la ville. Nous avons roulé une bonne demi-heure. Personne ne parlait. Même pas moi. Je n'osais pas. Je regardais, devant moi, les nuques brunes et fortes des Ferrer père et fils. Je crois m'être dit : finalement, ça ressemble à une aventure. Ce qui ne me rassurait pas, mais (toi, tu peux me comprendre, cousine) ne me déplaisait pas non plus.

Arrivée à Thuir, la Volvo a franchi un portail, suivi une allée cavalière de platanes en direction d'un grand bâtiment blanc et bas. Elle s'est garée près du perron. Les Ferrer en sont sortis. Angel a ouvert ma portière.

– Viens.

J'ai obéi.

Nous avons grimpé le perron, monsieur Ferrer marchait devant. Deux femmes en blouse blanche nous ont accueillis, ma tête a commencé à tourner, j'ai eu envie de vomir.

Je me souviens (mais toi, pas) qu'elles portaient les mêmes blouses, l'été dernier, à Florence, dans cet hôpital où j'accompagnais tes parents.

Ensuite, pendant un moment, je ne sais plus ce qui s'est passé. Il me semble qu'on a parcouru de longs couloirs, comme un somnambule je suivais tes parents et les Ferrer, et puis, un peu plus tard, ta mère m'a pris dans ses bras (j'étais terrifié, elle qui m'adressait à peine la parole d'habitude) et elle m'a dit : « Il faut être courageux, tu seras courageux », et elle a fondu en larmes sur mon épaule, je ne savais plus où me mettre, et Angel m'a pris par le coude et m'a dit :

– Tu avais raison : il n'y avait pas d'Espagnole blonde. C'était ma sœur. Tu n'aurais pas dû la voir. Tu l'as vue, et maintenant c'est elle qui veut te voir. Vas-y.

« Vas-y », m'a dit ta mère et je suis entré dans la chambre blanche, le store vénitien était tiré, mais il faisait clair d'un vrai soleil d'été d'Italie, tu étais branchée à toutes sortes de tuyaux et d'appareils, j'avais vu la Porsche de l'Allemand, Belge ou Batave aplatie comme une boîte de conserve et je t'ai trouvée intacte, et calme. Je t'ai pris la main parce que ta mère m'a dit : « Prends-lui la main. » Et je suis entré dans la chambre de l'asile de fous quand Angel et son père m'ont poussé vers la porte en me disant : « Écoute-la. Juste un moment. Je t'en prie. »

Ta main était chaude, et la sœur d'Angel était belle et souriante, l'air un peu perdu. Elle m'a dit :

– C'est toi.

Puis :

– Que dois-je faire maintenant ?

Quand je tenais ta main, tu ne m'as rien dit, tu semblais dormir parmi les tuyaux, les appareils et la chambre blanche. Tu te rappelles ? (Non, tu ne te rappelles pas.) J'ai serré très fort ta main et j'ai dit :

– Reste.

Je crois bien que j'ai pleuré.

Alors, à la sœur d'Angel, qui me répétait : « Que dois-je faire ? », j'ai dit :

– Reste.

Elle m'a contemplé comme un oracle, j'en avais honte. Mais j'ai vu qu'elle se détendait, qu'elle laissait aller son dos contre le dossier du fauteuil. Elle a fermé les yeux.

Quand elle les a rouverts, au bout d'un temps interminable, elle m'a demandé :

– Il faut que je reste ?

– Oui.

– Que je reste parmi vous ?

J'ai respiré à fond, j'avais envie de chialer. Heureusement, j'ai tenu le coup, et je lui ai dit calmement ce que je te disais, l'an dernier, dans ta chambre de l'hôpital de Florence en pleurant, en gueulant – et ton père m'a fait sortir aussitôt de ta chambre :

– Reste. S'il te plaît. Reste avec nous.

Et j'ai *décidé* de sortir aussitôt de la chambre. Tout était dit.

Pendant que son père discutait avec un médecin, Angel m'a entraîné dehors. Nous avons marché sous les arbres du parc et je ne savais pas où je marchais : ici ou à Florence ? Avec Angel ou avec ta mère ? Je ne la reconnaissais pas, ta mère. Soudain elle semblait si amicale, si tendre, si humaine. Tellement silencieuse. Je ne reconnaissais pas Angel : si bavard, tout à coup, et les yeux éteints.

Ta mère m'a raconté – je ne sais plus : des choses sur ton avenir et des histoires de quand tu étais petite fille, tout se mélangeait. Angel a été plus simple.

– Ma mère est morte il y a trois ans. Dans un accident de voiture. Elle était avec ma sœur. Maria en est sortie indemne. Du moins, c'est ce qu'on a cru. Il n'y avait pas de sang, pas de fracture. Mais, petit à petit, on s'en est bien rendu compte : Maria aussi était morte. Elle avait l'air d'être là, avec nous. On pouvait la toucher, lui parler. Mais elle ne sentait pas qu'on la touchait, elle n'entendait pas qu'on lui parlait. Mon père l'a placée dans cet hôpital. Ici on la soigne. Est-ce qu'on soigne le chagrin ? C'est ce qu'ils disent. Les médecins.

« Mon père la reprend tous les ans à Noël et au début de l'été. Il ne peut pas se séparer longtemps d'elle. Elle ressemble beaucoup à Maman. Elle était au mas pendant les récoltes, tu l'as vue. D'abord par hasard, je crois. Elle t'appelait...

Il a souri, il m'a ébouriffé les cheveux :

– Elle t'appelait « l'ange rouge ». « Rouge », tu comprends pourquoi. « L'ange », c'est un truc à elle : elle croit qu'elle est morte, comme sa mère – comme ma mère –, mais qu'elle est restée entre deux mondes, celui des vivants et l'autre. Elle attend qu'on vienne la chercher pour rejoindre l'*autre* monde. Elle a pensé que tu venais pour ça. Surtout la nuit où tu es passé par sa fenêtre. Comme une apparition.

J'ai murmuré :

– L'apparition, c'était elle.

Il ne m'a pas entendu. Il a repris :

– Tu ne pouvais pas la laisser comme ça, Gabriel. Il fallait que tu lui parles. Elle a déjà tenté trois fois de se suicider. Et...

Il s'est éclairci la gorge. J'ai préféré ne pas le regarder en face. Il m'a mis la main sur l'épaule.

– Et tu lui as dit ce qu'il fallait. C'est mon impression. Je ne sais pas où tu as trouvé ça : « Reste. » Remarque, t'es un peu spécial, c'est sûrement pour ça. J'espère qu'elle t'écoutera.

On a continué à marcher un moment dans le parc de la clinique. On n'avait plus rien à se dire, Angel et moi, et je savais qu'on ne se reverrait plus, et qu'il n'écrirait plus de poèmes lyriques et cesserait de se battre contre plus fort ou plus nombreux que lui. Tout ça, oui, je le savais. Comme je savais que, jeune seigneur féodal et prince héritier, il ne se poserait jamais cette question : comment avais-je trouvé, aussitôt, le mot juste ?

Voilà pourquoi, cousine, je ne t'ai pas écrit pendant trois mois. Cette histoire avec Maria m'a permis, en quelque sorte, de « faire mon deuil », comme dirait ma mère. Drôle d'expression. Je crois plutôt que c'est le deuil qui m'a « fait » – tel que je suis.

Puis, à la rentrée en seconde, au lycée, j'ai retrouvé Angel. Il m'a raconté que sa sœur était revenue au mas, qu'elle allait mieux. On ne s'est pas dit grand-chose de plus, on ne fréquente pas la même bande. Mais ce jour-là j'ai décidé qu'il fallait aller jusqu'au bout, jusqu'à la dernière lettre. Voilà. Je te l'ai écrite. Malgré ta mère, qui s'est plainte à la mienne que je t'écrive depuis si longtemps « comme si tu étais vivante » et que je « ne respecte pas son chagrin ».

Moi je crois que les vrais morts, c'est ceux qu'on a oubliés.

À toi, pour toujours,
Gabriel.

Dans la même collection

ANNE-LAURE BONDOUX
Le destin de Linus Hoppe, N° 184

MARYSE CONDÉ
Rêves amers, N° 119
Chiens fous dans la brousse, N° 185

MARIE-HÉLÈNE DELVAL
Les chats, N° 160

MARIE DESPLECHIN
Ma vie d'artiste, N° 138

IRINA DROZD
Un tueur à ma porte, N° 103

GILLES FRESSE
Un rêve si simple, N° 172

ANNA GAVALDA
35 kilos d'espoir, N° 192

ALAIN GERBER
Le roi du jazz, N° 127

ALISON LESLIE GOLD
Mon amie Anne Frank, N° 164

PAULA JACQUES
Samia la rebelle, N° 102

CHRISTIAN DE MONTELLA
Reste avec moi, N° 114

MARIE-AUDE MURAIL
D'amour et de sang, N° 123

GISÈLE PINEAU
Case mensonge, N° 153

FRANÇOIS SAUTEREAU
Les kilos en trop, N° 134

Composé et mis en pages
par DV Arts Graphiques à La Rochelle

Imprimé en Espagne
par Novoprint